定年後の暮らしの処方箋

西 和彦

JN154936

GENTOSHA
幻冬舎

この本を手に取っていただいた方に

これは会社を離れて始まる、新しい暮らしについての観察と実践の報告です。日々のありようやこれから過ごす地域との関わり、まちの様子、新しい仲間、自分自身など、八十五のテーマについて、建設会社で商品企画、市場開発を担当していた筆者が、見聞きし、気づき、考え、行ったことを会社にいた頃と比較などしながら書いたものです。

会社で過ごした時間への想いは人それぞれですし、定年後の時間への考え方や気持ちはそれこそ人によって大きく違うでしょう。「そんなふうに感じることもあるのか」「私はこう考えるけど」と読んでいただければありがたいと思います。

そして何より、これから会社生活を終えられる方が「なんとなく不安」ではなく、「面白がって」新しい生活に向かわれることの参考になればと願っています。

定年後の暮らしの処方箋

目次

編集協力　マジカル・アイランド

第一章　定年後を考える

いくらかかるかを確かめる

退職を現実のことと意識しだしたとき一番心配だったのが、これからいくらお金がかかるのかということでした。特に私の場合は子供が小さく、六十歳のときに、まだ高校に入るか入らないかの状況でした。

給料をもらっている間は、なんとかなっている感じでした。幸い、我が家はそれぞれの預金通帳を見せ合えましたから、毎年、年末に残高と給与証明をつき合わせ、その年いくらかかったかを大まかにとらえていました。でも、内訳がわかりません。我が家の家計の特徴は結婚当初から、毎月の給与は女房へ、その代わり賞与は少しだけ渡してあとは私へ、という形でした。どちらかといえば私の取り分に余裕があったため、家のローンや、大きな買い物、旅行の費用などは私が持っていました。つまり、定年後にコントロールができる、減らせそうなのは私のほうの財布です。

五十六歳のときに家を建て替えることになり、本当にやっていけるのだろうかと、いよいよお金の心配が強くなりました。そこで、一念発起して小遣い帳をつけることにしました。続けることに少し自信がなかったので、一つ工夫をしました。千円札単位の小遣い帳にしたのです。

千円札が出れば「1」をつけます。九百円でも硬貨で払ったらそれはなかったことにします。その代わりたとえ十円でも千円札で払ったら「1」とします。財布の中のお札とその日の日記帳の片隅に書いた残高が合えばオーケーです。合わなければ「?」として差額を補正します。カードで払ったものは（　）で記入し、月の合計にはその月の支出として計上します。総支出の年間の誤差は千円です。費目ごとの誤差はもっとありますが、「いくらかかる?」という心配には問題ない範囲です。交通費や会食の費用その他の、会社に勤めているから出ていくお金がわかるようになります。

これがうまくいきました。少し続くと結構面白くなり、毎月費目別に合計を出すのが楽しみになりました。意外な効果で、少し倹約家にもなれました。そして、一年続きました。それから八年間続いています。続けることで前の年と比べてみるというおまけもつきました。

会社を辞めたあと、どのくらい家計が小さくできるかがだいたいわかりました。そしてそれが現実になったとき、意外に小さくならないこともわかりました。

ゲーム感覚で始め、こんなに使っているのかと驚くこともありましたが、とにかく大きな進歩でした。ちなみにその内容は女房には見せてはいません。

自分なりの生涯収支のシミュレーション

独身時代に小さなマンションを買ってからこれまで、だいたい六年ごとに住み替えをしています。最初の二つがマンション、その後中古の戸建てが二軒、そして建替えをしました。買ったり売ったりの手数料や引っ越し代だけでもかなりの出費となっています。最初のうちはあまり気にせずに買い替えなどしていたのですが、四十代も半ばを過ぎてから子供ができたこともあって、こんなことをしていて将来大丈夫だろうかという心配が湧いてきました。生涯の三大出費といわれる教育費を先送りしていたわけです。

そのとき初めて自分の死ぬまでの収支を想定してみました。手書きでしたが、五歳ごとを単位にその五年間の収入と支出、どれだけ余裕があるのか、ないのか見てみました。将来の給与やまして年金などは良くわかりませんでしたが、まあこんなもんだろう、という数字を入れてみました。六十を過ぎてからかなりの期間、教育費が出ていくという結果には不安もありましたが、なんとかなりそうだという感触も得ました。いまの場所に中古の家を買ったとき、そしてそれを建て替えたときにもまた、将来の収支を確認しました。その前の五、六年間の結果（残高）から内容もだんだん詳しくなりました。

いよいよ定年近くになり、きちんと把握しておく必要が生まれました。退職金を一時金でもらうか、年金にして分割にするか、そして、六十歳以降働く必要があるかなどを決めなければいけなかったのです。一念発起してエクセルで生涯収支のシミュレーションに取りかかりました。これが結構面白く、はまりました。物価上昇率を入れたり、ハイパーインフレのリスクを入れられるようにしたり、そして所得税や住民税の計算までできるようにしました。所得税と住民税の所得控除の額が違っているとか、定年後は健康保険料がかなり負担になりそうだとか、そのため国から地方への財源移譲が年金所得者には不利になっているようだとか、意外な気づきが多くありました。ちなみに「退職一時金を年金にすると退職時の税金がかからず有利です」という言い方には少し問題があることもわかりました。

「精緻な数値シミュレーションはできないけれども、何かのときにはどれくらいの費用がかかるかということは、おおよその予測は可能」と奥様に言われた先輩もいらっしゃいます。生命保険会社のホームページなどで生涯収支のシミュレーションができるところもあります。ただ、何より自分が感覚的に納得できることが一番大切です。シミュレーションは「前提条件が変わったときに見直す」というのがポイントですから、どんな粗い方法でも、「自分なり」の方法をお勧めします。

投資にまじめに取り組む

退職金をもらったのが二〇〇五年でした。「貯蓄から投資へ」という記事が経済紙を賑せていました。書店に行けばマネー専門誌がたくさん創刊されていました。私も遅れることなく「投資」に進もうと考えました。

まず勉強しようと、投資関係の本を読み漁りました。そしてある本の参考文献リストの半分近くをもう読んでしまっていることに気がついたとき、これでもう勉強はいいかと終わりにしました。この間に読んだ投資関係図書はなんと二十三冊、そして同じ数の、投資をテーマにした小説やドキュメンタリーも読み終えていました。日本銀行の金融広報中央委員会の「暮らしに身近な金融講座」全四回の通信教育（無料）も終えました。勉強から得た成果はただ一つ、「分散」です。対象と時間の分散です。あとは、投資利回りの目標を持ち、たとえ〇・一パーセントでも信託コストの小さなものを買う、ということでした。そして「迷い」がなくなっていました。投資関係の記事を見ても、それに対して自分なりに評価することができるようになりました。

ただ結果から言うと、この勉強していた間が投資の好機でした。

それとは知らず、ＥＴＦや外貨、金やコモデティ投資信託を買い始めました。最初の頃は証券会社の窓口に出向いてブースに座り、カウンターのお姉さまにお願いしていました。いつもの担当者がふさがっていて新人の人に頼んだところ、数字を間違えて処理されるという恐ろしい目にもあいましたが、窓口では初心者にも丁寧に教えてくれたり、決めかねているときにちょっとした助言をもらえるのでありがたかったのです。でも、あるとき、これではいけないと気づきました。一番の間違いは窓口で買うと「小さく買う」ことが難しいということです。担当のにこやかな女性を前にしていると、どうしても発注単位が大きくなってしまうのです。大きくなるといっても所詮知れているのですが、買う回数が限られてきます。分散する前に資金が尽きてしまいます。

いまはもっぱらWEBを使っています。窓口ではとても言えないような小さな金額で発注しています。心配した手数料は変わらないようです。そして、半年に一度内容を整理し、残高や利回りを出しています。いつもはせっせとやっていたのですが、リーマンショックの年の計算は手をつけるのが恐ろしく、先延ばしになりました。ご多分に漏れず大きく残高を減らしてしまいましたが「対象と時間の分散」の効果はあるようです。とにかく、素人らしく分相応にいろいろと少しずつを心がけています。そんな中で、予想と違った市場の動きにも少しだけ耐えられるようになりました。

それぞれの一億円

私の数年後に入社したKさんは某有名大学の社会工学科の大学院を出ていました。もう三十年前のことですが、「社会を工学する」、都市や生活のありようを統計的に分析して新しい知見を得ることでその計画などにつなげようという、当時としては新しい意図のもとでできた学科の卒業生です。

あるときその彼が、「西さん、サラリーマンというのは一億円をどう使うかなんですよ」と言うのです。「ン？ なんの話？」と聞いてみると、「企業に勤めるサラリーマンの定年までにもらうお金から生活に必要なお金を引いた差額が一億円、これをどう使うかがサラリーマンの違い」ということなのです。入社からそれほど経っていない彼ですが、社会工学を学んできたのです。「たとえば家を買う、自動車を持つ、子供を私立の学校に入れる、ゴルフをやる、そういうお金が合わせて一億円。これをどう使うかが私たちの人生なのだ」と言います。考えたこともない見方でしたが、説得力もあり、ずっと気になっていました。

彼自身は徹底していました。「私は退職したあと、いろいろ海外に行きたい。だからそれ以外はやらない」と宣言し、事実、自動車も持たずゴルフもやらず、家も私のように住み替え、買い替えなどはしませんでした。そして早期退職をして「これから百回海外旅行をする」とその実行を始めています。奥様はどうなのだろうかと気にはなりますが、きっと結婚するときに宣言していたのでしょう。

聞いた私も大きな出費があるときには気にはしていました。ゴルフを三度始めて三度止めたのはその影響です。建設会社にもゴルフ好きが多く、付き合っていると「家一軒」の出費になりそうだと思いました。地方の出で、住宅が専門でしたからそこに費用をかけようという気持ちが強かったのです。

さて、定年です。一億円は「いまさらそんな話」ですが、こんな考え方はこれからも「アリ」だと思います。これから必要なお金を「基本的な生活部分」と「自分の裁量部分」に分けて考えるのです。「いくらかかるか」の中で生活部分は「これだけでやる、やれるはず」と厳しいレベルに決めて、裁量部分をできるだけ作る、そう考えると結構できそうなのです。なんとなく気持ちが豊かになり、余裕ができます。

その上でぜひのお薦めは、裁量部分に「家」についてのお金を入れておくことです。年をとってからでもカーテンなど少しは家の模様替えなどをすることが、生活をとても豊かにするのではないでしょうか。いまのうちからそう考えておくとできるような気がします。

先読みのアサタローにならない

マージャンが好きでした。私が小さい頃、父親がときどき仲間と家でマージャンをやっていました。それを父の後ろで見るのがうれしかったのです。子供にはマージャンのパイは実にきれいで魅力的でした。父親も教育的見地からだったのでしょうか、機嫌のいいときには私に並べさせてくれたりしました。そんな下地があったので、高校に入って似たような仲間とマージャンを始めました。いまだから言えますが、文化祭の日など近くのうどん屋の二階で卓を囲み、大学では初心者の同級生をカモルという悪いこともやってしまいました。そして建設会社に入社。現場研修の仮設事務所には寝泊まりができる和室があり、そこでマージャンをやっていた時代です。正式に配属になった部署は技術開発部門でそこそこ上品でしたが、何か匂いでもしたのでしょう、すぐに誘われました。

マージャンをしているときには人、仲間内それぞれのつぶやきというのでしょうか、言い回しがあります。そんな中に「先読みのアサタロー」というのがありました。その「場」の様子や自分の限られた経験からゲームの先行きを読みたがる、予想できない展開に対して弱い、考えすぎで浅はかな奴ということです。どちらかと言えば私に向けられることが多いように感じていました。

年金生活者としての私の投資の目的は「目減りさせない」そして「インフレヘッジ」です。増やそうなどという大それた考えは持っていない、というより持てません。

世界中にお金が余り、多くの国が国債を抱える一方、限られた資源の中で世界の人口が増えるのですから「インフレ」、そして特に財務体質が悪い日本の「円の下落」は自明のように思えました。もちろん資金もなく、「分散」が基本ですから少しずつですがユーロや豪ドル、商品インデックスを買いました。ところが現実はその逆。デフレとユーロ、豪ドル安です。もちろんデフレ、円高であれば年金生活者としては悪くはないのですが、証券会社からの明細が届くと気が滅入ります。

そんな中で気がついたのは「時間感覚」というか「将来感覚」のズレです。会社で「五年先を前提にするのはバカ、十年先は学者、せいぜい三年先を考えろ」と言われたことがあります。投資もマージャンも似たようなものなのでしょう、あまり先読みしすぎると外れてしまうようです。サブプライムのことも何年も前から危ないと言われながら、相場は直前までそういうことは感じさせないものでした。

個人投資家の優位なところは短期間の成績・結果に囚われないことだと言います。細く長く、そして自分には投資の才覚はないという思いで続けていくしかなさそうです。

本棚の中を入れ替える

近くに住む大学生の甥が私の部屋の本棚を見て言いました。「（やはり近くに住む）おじいちゃんのところは小説ばかりで、おじちゃんのところはビジネス書ばかりだね。僕にとっては借りるのにちょうどいいや」。女房も言います。「あなたはこんな本ばかり読んでいるから他人（この場合は女房）の心がわからないのよ。カウンセリングの勉強なんかより、小説でも読んだら」。……、「そんなことないよ、小説だってあるよ」。

私の本棚は壁いっぱいに作ってもらったもので、奥行きが三十から四十五センチほどあります。本は前後二重、小さな本は三重に入ります。小説は何かのときにもう一度読むということがほとんどないので後ろが定位置です。そして、いっぱいになると処分しなければなりません（いやなのですが、女房が整理しろと言います）。小説は引き取ってくれるのですが、ビジネス書は引き取ってくれません。以前、娘の漫画と私の本を箱いっぱい古本屋に持ち込んで、娘はそれなりのお金を手にし、私は半分以上を持ち帰る羽目になりました。ゴミで出すのは切ないので残ります。ということが重なって、私の本棚は見た目にはビジネス書ばかりでした。

確かに、ある時期からビジネス書の比重がとても大きくなっています。投資関連を含む定年後のハウツー本なども増えました。甥や女房の指摘は当たっていたのです。本棚を見ているとなんだか情けなくなりました。なんだかんだと言いながら、心の底ではまだ会社時代に未練があるのかと疑いもしました。その人がどんな本を読んでいるか、どんなところに線を引いているかで、その人間がわかると言います。私が事故にあってこの本棚が残ったら、「結局会社しかなかったお父さん」と女房子供に思われそうです。

甥が就職したのを良いことに、「全部捨ててもいいから」と言って、大きなダンボール箱いっぱいのビジネス書を送りました（余談ですが宅配便は寸法だけで重さは料金には関係ないということを知りました）。女房は「なんと迷惑なことを」と言います。その通りですが、自分では捨てきれず、格好よく言えば、その判断を若い者に委ねたのです。

いま、私の本棚は雑然としています。ビジネス書がびしっと一面にあったときと比べると、寂しく、取りとめない感じです。これまでは溢れた本を整理していたのですが、今回は「まず捨てた」のです。これからこの本棚がどんな本で埋まっていくのか問われているようです。「つもり」もイメージもありませんが、見ると気持ちが安らいだり、自信が出たりするように変わっていくといいなと思っています。「お父さん、意外にいい本読んでたじゃない」と言われたい気がします。

棚卸し、心機一転のきっかけづくり

棚卸ししなければいけないものはたくさんあります。本棚もそうですが、ほかにも、自分自身を含めていろいろあります。

家を建て替えたとき二階に大きめの納戸を作りました。一階には障害のある子供のスペースを確保するため、ほとんどモノ入れを作れなかったこと、その子のためのクッションやテーブルなどモノが多いこと、他の部屋にあまりモノを置きたくなかったこと、などからです。六畳くらいの大きさがあり、これに隣の部屋の天井裏も使えるようにした、小さな家には過ぎた納戸です。

六年ごとの住み替えや、建て替えのときの仮住まいでモノの整理はしたはずですが、この納戸がいっぱいになっています。というより、入るから残るのです。そして、奥のほうのものは陽の目を見ることがありません。仮住まいで預けたダンボールの箱がそのままというものもあります。

去年は天井裏にある物の棚卸しをしました。子供が小学生、中学生だった頃の教科書や資料などが出てきます。娘に了解を取りながら整理しました。それでも半分くらいは残っています。今年はいよいよ本丸の片づけをするつもりです。いつの旅行で買ったのか、種々雑多な物がありそうです。カキ氷を作るおもちゃも大事に取ってあります。引き出物のお盆やグラスも出てきそうです。香典返しのタオルなどが箱のままになっています。

ＮＨＫのドラマ『坂の上の雲』の中で秋山好古が「単純明快を旨とすべし」と言います。何かのためには、余計なものは一切いらないという強い意志です。こちらは何かのためということはありませんが、でも、単純明快には同意します。

「人間関係の棚卸し」もあります。出したら来ない、出さなかったら来る年賀状のような関係がたくさんありますが、こちらのほうは自然体でいけばいいと思っています。「時間」「行動」なども棚卸しの必要がありそうです。

七十五歳を迎える先輩が、「毎月の新聞、雑誌、都心に出かけていた同好の会、毎月万単位の本の購入を止める」とおっしゃいます。「それでどうなさるのですか」とお聞きしましたら、「経を読む」とおっしゃいます。どこまでそうなさるのかは別にして、見事な棚卸しです。「生前葬」というのも一種の棚卸しかもしれません。

私のほうはモノから少しずつ棚卸ししようと考えています。周りを棚卸しできれば、結果として自分自身の棚卸しになるのではないかと期待しています。

人生九十年時代の定年リフォーム

戸建て住宅であれマンションであれ、年月が経てば設備も古くなり、壁紙なども薄汚くなってきます。新築して十五年を過ぎる頃からなんとなく気になりだし、風呂がまの耐用年数などを改めて見ると十年などと書いてあり、エッと驚くこともあります。マンションなどは管理会社が長期修繕計画などを用意していろいろ教えてくれますが、これも共用設備だけで、それぞれの住んでいる部分については自己責任です。

人生九十年時代です。サラリーマンの多くが三十代から四十代にかけて自宅を買ったり建てたりしているとすれば、定年時に家の年齢は二十から三十歳、お肌の曲がり角です。ちょうど定年を過ぎて家計が心もとなくなった頃から家のあちこちが傷みだすわけです。その後三十年ぐらいをその家で住み続けるなんて大丈夫か心配です。書店の住まいのコーナーには「定年リフォーム」についての本が数多く出ています。生活が変わるのを機会に、家計に余裕のあるうちに家を改修しておこうというわけです。

家を買ったり建てたりは「そのときの家族構成、家族の状況」に囚われます。多くの家は「子育て」「家族づくり」のためにできています。ｎＤＫという表現はその典型ではないでしょうか。そして「二世帯住宅を建てたらすぐ転勤」というたとえがあるくらいです。住む人の状況は二十から三十年で大きく変わっているのです。

退職金でやっとローンを完済できるかどうかなのに、そんな話ムリムリという方もいらっしゃるでしょうが、できれば定年前後に住まいの耐用年数を物理的にも機能的にも伸ばすことをお勧めします。年を取ってから家のことにお金をかけることは難しいはずです。きっとしまり屋になっていてできるだけ何もしないで済ませようとするに違いないのです。それに八十を過ぎてからどうしようもなくなってお金をかけるより、自分たちの寿命と家の寿命がなんとなく合っているのはスマートな気がしませんか。家電製品はカバーから個々の部品に至るまで耐用年数にバランスが取れていてダメになるときは一斉にという話を聞いたことがあります。それが顧客に満足してもらえる仕様を整えながらコストの削減を行う一番のコツだということですが、それと同じような考え方です。

「でもやはり無理」であれば、まず家にあるガスや水回りの設備、エアコンなどをチェックしましょう。できるだけ長持ちさせたければ掃除などを丁寧にやることが大切です。「そんなこと面倒、壊れたときに替える」という方は、いつ頃という目安を持っていればあわてません。故障したときにあわてて間に合わせの修理を繰り返すより、起きそうなことを想定して、事前に手を打っておくほうが住みやすいものができて経済的です。

人で作る「生活継続計画」

ＢＣＰという文字をときどき新聞などで目にします。ビジネス・コンテュニティ・プラン、事業継続計画の略称です。地震などの大災害や新型インフルエンザの流行などが発生した場合に備え、会社が事業を続けていくために必要な資源などを予め準備をしておくというものです。会社にとってどのようなことがリスクで、そのリスクが顕在化したとき会社がつぶれないよう、社会的責任が果たせるよう、最低限続けていかなくてはいけない事業は何かを考えることがポイントになっています。

建設会社というのは世の中の新しい動きすべてがビジネスチャンスです。ＩＴ技術の進歩、医療制度の改革、物流システムの変化などはもちろんのこと、ニューヨークの貿易センター事件から起きたセキュリティの強化やＯ－１５７による衛生管理の強化など、あらゆることが建設会社の市場機会になります。ＢＣＰも災害対策ということで最もなじみやすい分野でした。早くから保険会社などと一緒に研究し、関連する技術、商品を用意しました。いまは多くの企業や自治体がその体制を整えています。

個人の生活ではどうなのでしょう。個人の生活の中でのリスクを想定し、何か対策を考えるということでは保険があります。生命保険はもとより医療保険、傷害保険、ゴルフのホールインワン保険など幅広く行き渡っています。では、私たちの生活継続は保険会社にお願いしておいて良いのでしょうか。

保険会社にお願いするとそれなりの経費が取られます。あまり考えなしについつい余計な保険に入ってしまうこともあるようです。高齢になると保険料もかなり高くなってきます。一方、定年を過ぎるとリスクが顕在化してもその影響はかなり小さくなっているはずです。保険の見直しが雑誌の定年準備特集に入っています。

ただ、せっかくですから少し広く考えてみたいのです。本当に考えておかなければいけないリスクは何か、そのリスクが起きたときの解決はお金だけか、そのときの生活の見直しや、いまのうちに人間関係を固めておくことで対応できないかということです

さまざまな対応を含めた「自己保険」を考えられないでしょうか。リスクのために人間関係を固めておくと言うと何か打算的ですが、お互いさまのところがあればそれはそれで良い関係ではないでしょうか。高齢になってからのリスクを考えるときりがありません。「それはそのとき」と思うのではないでしょうか。でも、多様な人間関係はそういうことへの保険になります。もともと、地域や友達、親戚は助け合うためにあるというふうに思うのです。

やりたかったこと

やりたかったなあと思っていることが三つあります。「二地域居住」「海外（スペイン）での一年間の生活」「田舎の古家を自分でリフォームして住む」です。できない理由も三つあります。「子供のこと」「お金のこと」「女房のこと」です。

本棚には定年後の生活を特集した雑誌が何冊かあります。P誌はなぜか毎年夏の号が定年後生活・投資特集です。N誌は思いついたように（たぶん広告が集まったとき）増刊号を出していました。

どちらも前半の記事は同じようなものでした。田舎暮らし、海外への短期移住の話です。満足そうなご夫婦が写真満載で登場します。スキーが好きで、縁のない北海道に移住された方、九州の高齢者向け団地に引っ越された関西の方、タイやハワイに移られた方、ご自分でログハウスを建て、好きな音楽のためのスタジオまで作られたすごい話も出てきます。皆さんそれぞれの時間と生活を送られています。簡単ですがご夫婦のプロフィール、そのために必要だったお金とその工面、現在の一日の生活の様子が書かれています。私の「やりたかったなあ」は他の方々にも共通な、最もポピュラーな願いのようです。

昔、京都で生活していた頃、東京で先生をしておられた方が定年後を京都で過ごしたいというので借家探しのお手伝いをしたことがありました。そのときに、そういう生活があるんだということを初めて知ったのです。それ以来、頭のどこかに憧れがあったのかもしれません。ちなみに、いまでも京都の老人ホームは全国から希望者が集まる特異な場所です（一般に老人ホームはそれまで住んでいた地域に近いところが望まれ、マーケットとしては意外に狭いのです）。

「何考えているの」「どうぞお一人で」と女房は歯牙にもかけません。もちろん子供のことやお金のことを考えると無理は承知ですが、「そうね、できればいいわね」くらいは言ってくれても良さそうなのに、頭からバカにされます。「もっと年をとったらどうするの」「病気になったらどうするの」「すぐ飽きるわよ」、そして何よりそんなこと「面倒くさい」と言います。この傾向は定年後の夢を聞く調査でも同じで、奥様方は総じてそういう「夢」には否定的です。既にしっかりとした、老後に向けての生活基盤を作っている側と、まだこれからで、足元も覚束ない側の違いなのでしょう。「でも、一年か二年なら」「どうぞお一人で」という会話はあちこちであるのでしょうね。

良いことも、悪いこともあります

高い建物に上がって、目の下に広がる街を見ると、改めてすごいと思います。これは全部、建設会社や工務店が造ったのです。見渡す限り、すべてをです。建設会社が造らないと何もないのです。……、と思われたことはありませんか。

十年ほど戸建て住宅の商品開発部門にいました。そこで、営業部員に話をするときは、こう言っていました。「お医者さんや弁護士の方は先生と尊敬され、収入も多いでしょう。でも、その先生方は病気やトラブルといった、人の不幸と付き合うのが仕事なのです。住宅や建築の仕事は、お客様が個人でも会社でも、何かを新しく作る、投資するという、一番幸せな、希望に満ちた時間とお付き合いができるのです。収入は少ないかもしれないけど、素晴らしい仕事です」。そして続けました。「だから私たちはお客様を不幸にしては（クレームを作っては）いけないのです」。偉そうな言い草ですが、そう思って仕事をしてきました。

一方で、建設業の中で半ば自分たちを揶揄する、有名な小話があります。「建設現場のそばを通りがかった親子連れ。母親が手を引く子供に言いました。『坊や、勉強しないとああいうふうになるのよ』。そこにいた建設会社の社員はつぶやきました。『俺だって、○○大学を出てるんだ』」。

建設会社の中も複雑です。一つの建物を造るためにはさまざまな専門職が必要です。設計だけでも意匠、構造、設備、工事部門も建築と設備に分かれています。

この専門の間の力関係には一種微妙なものがあります。学校で勉強している間は設計、特に意匠設計の人間が「出来る奴」です。ところが会社、建設会社では、学校時代に目立たなかった工事関係の人間が、利益部門を担うということで幅を利かせます。そして定年。会社を離れると、引く手あまたなのは会社の中では少数派だった設備の人間です。設備機器を運転するための資格を持っているので、建物の維持管理にはどうしても必要な人材だからです。

こうして見てみると、「世の中、よく出来ている」と思います。栄枯盛衰ではありませんが、良いこともあれば、悪いこともあります。会社の中で中途半端に偉くなった人より、偉くなれなかった人のほうが定年後は社会での適応力は高いと言います。地道に専門を磨いた人は別の機会もあります。

業界単位での「良いこともあれば、悪いこともある」でしょう。少し長い目で見るとどうなのでしょうか。そういうエールを贈りたくなります。

定年離婚？　それとも定年家庭内再婚？

「奥様はあなたのことをどう呼んでいますか。あなたは奥様のことをどう呼んでいますか」。カウンセリングの会で、先生からそういう質問がありました。家の中では「お父さん」「お母さん」、外では「主人」「家内」といった呼び方が多いようです。

私は妻を呼ぶときは名前で「〇子」、二人の話の中では「あなた」と言い、外では「うちの女房」という言い方をします。女房は私を「お父さん」と呼びますが、気に入っていません。「私はあなたのお父さんじゃないよ」と言いたいのです。ちなみに子供ができる前は「オジサン」でした。スーパーで女房が私を呼んだとき、周りの方が自分のことかと振り向きました。「オジサーン」と大きな声を出せば当然です。

カウンセリングの教室でご一緒のNさんは退職を期にそれまでの「お母さん」から「〇ちゃん」という呼び方に変えると宣言し、実行されているのだそうです。お子様からは「ラブラブね」と言われたそうですが、素晴らしいことだと感心しました。

「定年離婚」という恐ろしい言葉があります。我が家も他人事ではありません。似たような言葉で「家庭内離婚」という言い方が流行りました。そういうことで悩んでいる人のために『家庭内再婚』（近藤裕著・丸善ライブラリー）という本があり、この本はなかなかの名著だと感謝しています。ご同病の方にはぜひお薦めします。

で、これをいただいて「定年家庭内再婚」ということがあるのではないかと思っています。何より相手のあることですから思うに任せませんが、定年を機会に夫婦の関係を改善したいのです。「定年離婚」か「定年家庭内再婚」か、ラブラブのNさんにはきっとご理解いただけないでしょうが、切実な方も多いのではないでしょうか。『家庭内再婚』の著者はその原因の一つに「男は心の傷の癒しを夫婦ではなく家庭の外で（中略）男同士でやってきたから」そのため「夫婦関係に対する精神的・心理的投資が低い」と書いています。心当たりがある方が多いのではないでしょうか。

恐ろしい調査結果も聞きました。「夫が退職して年金生活に入ってから、離婚しないままいると、収入は多いものの妻の生活の満足度は低い（二〇パーセント）、一方、離婚すると収入は激減するが、生活の満足度は八五パーセント以上になる」。

カウンセリングでは「変われるのはクライアントだけ」つまり「変われるのはあなただけ」だそうです。そして問題家族の中で「誰かまず一人が変われば家族は変わることができる」のだそうです。覚悟と行動が問われているのですが……。

定年へのソフトランディングと再雇用

私のお世話になった会社には「役職定年」という制度がありました。年をとっているものがいつまでも役職を占めていると人事が滞り、若返りができないというのがその主旨ですが、もう一つ、定年になったあと、新しい環境の切り替えがしやすいように、という当人のための準備期間の意味もありました。私のいた頃は五十七歳です。給料は七、八割に減らされるのですが、役職を離れた分、責任も少なくなるので改めてその後のことを考えられるというわけです。

最近は能力主義ということもあり、このあたりが曖昧になってきました。給料の減額は基本的には同じなのですが、役職が続く人が多くなっていますし、担当業務量が変わることはありません。一つには再雇用制度が普及して六十歳定年の意味が変わってきたこと、そしていま一つは会社にも余裕がなくなってきたためではないでしょうか。

年金の開始の遅れに合わせた再雇用制度はどうなのでしょうか。確かに年金が全額もらえるまでの期間は少しでも収入が欲しいところです。預金通帳の残額が月々減っていくのは、半ば「恐怖」ですし、そういうときに限って不時の出費が起きることがあります。そうした中で、慣れ親しんだ会社に残ることができるのは大変ありがたいことなのです。

ただ、スタートしたときは、「団塊世代の大量退職への対応」ということで、会社のほうにそのニーズが強かったようですが、最近では量的な問題は解決したらしく、「いかに再雇用社員を低いコストで戦力化するか」ということに会社側の目はいっているようです。一部の会社では意に添わない配置転換もあるようで厳しさが増しています。そういう中で、再雇用してもらえる定年社員は「良し悪し」かもしれません。そこには「会社から独り立ちするための当人のための準備期間」という視点があまりないようです。

もちろん早めに会社に見切りをつけて悠々自適を楽しむ方、請われて転職する方もいますが、ほとんどの人は「曖昧な役職定年」「厳しくなった定年再雇用」という流れで会社人生のエンディングを迎えます。昔のように会社に片足を置きながら、次の生活を準備するという余裕は会社にも当人にもなくなっているようです。どちらかといえば会社人生を「引っ張れるだけ引っ張る」ことになります。

定年近い会社員はこれからのことを考え、もっと自分本位になっていいような気がします。会社は「再雇用社員の業績評価」まで始めて少しでも働かそうとしているようですが、どうなのでしょうか。「自己責任」という言葉が流行りましたが、まさにそうです。

「提年期」と考える

「ていねん」を漢字変換すると「定年」「停年」そして「諦念」と出て、何か「もうおしまい」という感じを受けます。何ができるかわかりませんが、「新しい時間と生活を始める切り替え」という気持ちでいるのにがっかりしてしまいます。これからの時間と生活に向けた何か適当な言葉が欲しいと思っていました。

「提年期」という言葉を造りました。

「提」は提灯、提携の提で、「たずさえる」という意味があります。会社時代とは違った価値観で社会とそして新しい仲間の方々と手をたずさえていく、という気持ちです。その期間は定年を現実のことと意識しだしてから、退職金をもらい、再雇用などの時を経て、それまでの長い間勤めた会社から完全に離れる、自分らしい時間づくりができるまでの間です。人によって違うでしょうが、五十代の半ばから六十代の後半まで、十年から十五年間くらいでしょうか。

そして提年期は「気づき」「見えるようになる」時期です。山は登るより下りるときに周りの景色が見えるといいますが、それだけでなく、不安定な立場、将来への模索、変化の中に身を置くことで「気づき」「見えるようになる」ようです。ただ、時間が経つとそれが普通になって、せっかくの気づきもどこかに行ってしまう、「生もの」の気づきです。

日常生活の中でこれまで気づかなかったものが見えてきました。たとえば住んでいるまちの様子やこれまで急いで通り過ぎていた最寄りの駅の周りなどに意外な気づきがあります。海外旅行から帰って成田からバスや車で都心のほうに帰ると「日本ってこんなだったんだ」と気づくことがありますが、それと同じような感じでいろいろなものが見えてくる、大げさですがそんな感じです。

新聞やテレビの、特に解説物も面白く見聞きできるようになりました。そういう見方もあるのかと理解ができることが増えました。「立場の違い」に理解を示せるようになったのでしょう。これまで読もうとしなかった記事などにも目が行くようになりました。なんだか、人間の幅が少し広がった気持ちです。新聞やテレビだけでなく「昔読んだ本をもう一度読むと違ったふうに読める」という話もあります。

自由な時間がたっぷりあるということが定年後の一番のメリットのようですが、眼も自由になり、視角も広がり、視る力も強くなる、というのはそれ以上の価値がありそうです。

眼が曇らないうちに、眼をいっぱい使って、眼を強くしたい、そう思っています。

第二章　会社をはなれる

着るもの履くものが決まらない

いま考えてみると会社員生活での「着るもの履くもの」は楽でした。季節ごとのスーツと普通の黒い靴、あまり考えないほど良い結果になるようです。営業部門に配属になってからはシャツも白だけで済ませました。ネクタイは選ばなくてはいけませんが、無難なものにしておきました。個性がないとか言われても「安心・安全」が何よりでした。

私の学生時代はアイビーファッションの全盛期でした。『メンズクラブ』という雑誌が新鮮で、ＶＡＮというブランドがもてはやされていました。会社に入ってから、三つボタンのスリーピースを手に入れたときはうれしかったものです。アイビーは一種の「制服」ですから、それなりに決まっていたはずです。でも長い我が社生活を送るうちに、ファッションに対する能力は限りなく低くなりました。そして定年、「着るもの履くもの」は何でもありです。

まだ会社にいた頃、休日に営業社員を集めて先端技術の勉強会を一年間開催したことがありました。休日ですから、服装は自由です。これが考えさせられました。私自身も着ていくものがなくて、近くの紳士服チェーン店で急いで用意しましたが、集まった二百人近い男たちの服装は、ゴルフ場からそのまま出てきたようなハデハデのもの、普段着かなというもの、どう見ても上下ちぐはぐなもの、惨憺たるありさまでした。いつもと同じようなスーツ姿も少なくありません。もちろん一部ですが、おしゃれに決めている方もいました。

それからはまち中で定年後らしい方々の服装を注意して観察するようにしました。これがなかなか面白いのです。かなり派手なジャケット姿の方、あまり服装には気をかけないような方、一人一人を見ているとその方のこれまでとお考えが表れているようでした。そしてかなりの方が「決めて」いらっしゃるのです。「よし、私も。昔は決まっていたはず」と気持ちも高ぶりました。

ところが、いざ買うとなると迷います。何が、どれが良いかわからないのです。どの店に行けば自分に合う服があるのかもわかりません。一年間、季節のバーゲンに出かけ、とにかく買いそろえてみました。結果は散々でした。そんなこんなで三年になります。いまもうまくできません。

会社にいれば「〇〇会社の人」ということで、少し変でも許してもらえますが、会社を離れてしまうと、単なる「洋服の趣味が悪いオヤジ」になります。しばらくは周りの方々の「決まり方」を盗み見て、勉強するのが良さそうです。

名刺をどうしますか

勤めていた会社の後輩から「名刺はどうしているのですか」と聞かれました。会社を離れれば名刺は使わないという方もいらっしゃるようですが、名刺は便利です。何より名刺に慣れているので、人間関係作りには欠かせません。

会社を離れて、最初に行ったことが、この名刺作りです。

会社にいる頃から、自分個人用の名刺をどのようにしようかと考えていました。そして、いただいた名刺の中から気に入ったものを残しておきました。ただ、個人で作るわけですからデザインにお金がかかるものは無理です。まちの名刺屋さんで作ってもらえそうなものに限ります。老眼でも名前だけはわかっていただけることが大事だと、名前だけ大きい、よく言われる「代議士のような」名刺にしました。住所や電話番号、メールアドレスはなくてもいいというぐらいに小さくしました。ただ品が悪くならないよう、活字の位置、大きさには微妙にこだわりました。できあがりは気に入っています。二千五百円でしたが、受け取ったときには「これからは会社を離れて生きるんだ」という感慨というか自負心が起きました。

これとは別に実態はほとんどありませんが、個人で始める事務所の名前の入った名刺を同時に作りました。といっても、事務所名はほんのお飾り程度、小さく入れました。この二通りの名刺はその場その場で使い分けができるので便利です。

定年退職した方々が集まるグループでは名刺をよく交換します。パソコンで自作している方、シンプルに名刺屋さんの見本通りにされている方、皆さんそれぞれです。ただ好き嫌いを言わせていただくと、やたらと所属なさっているグループを書き連ねたり、信条のようなものを印刷なさっているものは少し鼻白みます。最初にお会いするときにできるだけ自分のことを知ってほしいというお気持ちは良くわかりますが、「私は、私は」というなんだかさもしさを感じてしまうのです。もっとしっかり、お互いに話をする中で知り合いましょうよ、という気持ちになります。

銀行を退職されて行政書士の資格を取られた方は、初対面のあと、しばらく話が続く中で、一枚の自己紹介の紙を取り出されました。いまやっていらっしゃることが書かれており、どういう接点を持てそうか想像できました。それまでの会話とそこに書かれている内容が相まって、その方を大変身近に感じることができました。私もそういうものを控えめにお渡しできるようになりたいと思っています。

地域で病院を探す

定年が近づいてきて気になったのは病院、診療所のことでした。これまで春秋の健康診断は会社の丸抱え、人間ドックも会社が属する健康保険組合の病院でとても割安に受けることができました。そして日常的なことは会社と同じビルの中にある診療所でほとんど間に合っていました。隣のビルに行けば耳鼻咽喉科や整形外科などの診療所もあり、仕事中に二十分もあれば用が済んでいたのです。家の近くの診療所にも少しはお世話になっていたのですが、やはりメインは会社がらみや会社の近くの医療機関でした。ところが退職してしまえばそれらがみんななくなるのです。とても気にはなっていたのですが、特にどうすることもなく辞めるときが近づきました。

退職まであと一か月になった頃、会社でお世話になっていたお医者さんに事情をお話し し、特に気になっていた定期的な検査について自宅近くの病院を紹介してもらえないかお願いしました。あつかましいお願いで聞いてもらえるか不安でしたが快諾していただき、自転車でも行くことができる国立病院（いまは独立行政法人だそうですが）で医長をされている先生への紹介状をいただきました。この紹介状がとても助かりました。紹介していただいた先生はこれまでの私の病歴などから必要な検査と今後の方針を立ててくださいました。

総合病院と地域の診療所は「病診連携」と呼ばれる密接なネットワークを作っていることを知りました。病院の待合室には地域の地図とネットワークを持つ診療所の場所や診療科目が表示されていました。ラッキーなことに家族がお世話になっている診療所が医長先生のお知り合いでした。通常の診察や投薬はその診療所で、定期的な検査などは総合病院で、というそれぞれが役割分担し情報交換をする理想的な形を作っていただけました。

一つだけ戸惑うのは地元の診療所の混み方です。それは「先輩方」がたくさんいらっしゃるからです。特に会社の近くでは空いていた朝の早い時間が混んでいます。あれこれ試してみた結果、昼、夕方の診察が終わる少し前が良いことがわかりました。

「医者と弁護士を友達に」とよく言います。会社に依存した生活をしていると、地域の生活に入るとき一番気になるのはかかりつけの病院をどこにしようかということではないでしょうか。会社で健康管理の仕組みができているのと同じように、地域でも健康管理の仕組みができているのです。進んでいる地域では核となる病院と診療所のデータベースの一元管理にも取り組んでいるようで、会社以上かもしれません。それをしっかり活用できればいままで以上に安心した健康管理が受けられるでしょう。

退職者用の健康保険

会社にいる間は健康保険のことなど考えてもみませんでした。保険料がいくらか、自己負担の上限がどれだけか、気にしたことがありません。ときどき給与明細の天引き欄に「健康保険」としてマイナスの数字が入っていると、「自己負担金の払い戻しか」と思ったくらいです。

定年が近くなって読んだ雑誌の「定年準備特集」には定年前後のさまざまな手続きについて書いてありました。この中でわかりにくかったのが「年金」と「健康保険」でした。健康保険のほうは会社の保険を継続する方法と地元の国民健康保険に入る方法があり、退職後の所得額によって支払う保険料がかなり違ってくるのです。ただ、私の会社は選択の余地がなく、地元の国民健康保険に加入してくださいと指示されました。

子供の一人が頻繁に病院のお世話になっています。一日でも無保険状態があるとあとが面倒そうです。先に退職した、同じ区に住む方に聞いてみると、早めに、それも本庁舎に行かないと当月一日の即日発行は難しいと教えてくれました。退職の半月前に区役所に出向いて手続きをし、翌月の一日に発行していただくよう頼みました。役所の手続きや書類の発行は事前に良く確かめておく必要があります。

おかげで当日の朝一番に発行してもらうことができました。それは良かったのですが、支払う保険料が高いのには参りました。話には聞いていましたが、自分のことになるまでは実感が湧かなかったのです。しかも私の預金口座から毎月引き落とされます。

退職一年目の住民税と健康保険、介護保険料の負担の「効き方」は想像以上で、それに女房の国民年金の支払いも始まりました。つくづく「会社勤めって気楽だったんだなあ」と思い知りました。金銭的なことは実際に直面すると、思っていた以上に滅入るというか、弱気になります。

退職して半年くらい経った頃、区役所から再発行された健康保険証が郵送されてきました。新しい保険証には◯に退と書いてあり、退職者用のものだというのです。これには参りました。保険証を出すたびに「私は退職者です」と表明させられるのです。新しく出発しようというのに、そのたびにお前はもう用済みだよと言われているようです。家族も肩身が狭いのではないでしょうか。「後期高齢者」ほどではありませんが、お役所の気遣いのなさにはがっかりしています。

定年世代への特典

会社には本当にさまざまな特典というかフリンジベネフィットがあったんだなあと、いまさらながら感心しています。定年間近に会社のイントラネットで厚生のページをゆっくり眺めながら、改めてその豊かさを知りました。こんなことならもっと使っておけばよかったと後悔しています。ホテルや宿の割り引き、映画の招待券、スポーツクラブへの法人加入、音楽会、あらゆる業種がお客様だという建設会社の特質もあり、本当に多くの特典がありました。

しかしほとんどの社員は忙しすぎてその恩恵に浴することはないのです。どんなに盛りだくさんでも食べる時間がなければ意味がありません。それに比べれば定年後の特典は実際にその恩恵が受けられます。

六十歳を越えて一番感激したのは映画が千円で見られることです。なんだか悪いような気がしましたが、その特典を使わせていただきました。女房や娘は毎週水曜日が「女性の日」とかでやはり千円になるためその日に合わせているのに、こちらはいつでも千円です。それまでは行くことがなかった近くのシネマコンプレックスに足をはこびます。まだ、仕事をサボっているような気持ちに囚われたり、「いま頃みんな仕事をしてるんだろうなあ」

というやましさを感じたりすることもありますが、これも慣れでしょう。学生時代を思い出したりもします。

公共の施設にも特典があります。プールなどの利用は割り引きですし、まだ入ったことはありませんが、区民館には無料のお風呂があります。七十歳になるとバスや都営地下鉄の切符が年間定額になるということで、心待ちにしている方々もいらっしゃいます。調べてみればこのほかにもたくさんあります。

時間ができたことで利用できるようになるものもあります。たとえば「青春18切符」という割引切符は若者だけでなく私たちにも利用価値はあるようです。関西の友人はこれを使って一日がかりで上京してきました。途中、岐阜や熱海に寄ったりしながらのんびりと旅を楽しんだということです。「快速を乗り継げば昔の特急並み」と言っていました。私の住む区では指定保養所というのがあり、年間何回かの利用にかなりの補助が出ます。ウィークデーは元の料金も安くなっていますし、会社の寮より良いかもしれません。そんな「時間ができたから特典」も改めて見回すといろいろありそうです。いろいろチェックしてみるのもいいかもしれません。

職業欄をどう書きますか

新聞の投稿欄の最後には「名前・職業」が掲載されますが、その職業欄に「元何々」と書いてくる人の中で「何々」に何が多いかというのを、ある新聞社が調べた記事がありました。一番多かった職業は「元教員」だったそうです。いつまで経っても昔の肩書きから離れられない人種と、若干揶揄されていました。私たちはどうかというと、もちろん四十年近く勤めてきたわけですから、「あなたは何者ですか」と聞かれたときには、それまでのこと、つまり「元食品会社員」や「元銀行員」という言い方になるのでしょう。

でも、できればもう一歩突っ込んだ言い回しを考えたいものです。「こんなことをやってきた会社員」と言ってみるのはどうでしょうか。私は建設会社の営業企画部門にいましたが、「建設会社で営業をやっています」という言い方には疑問を持っていました。もっと専門性があってもいいのではないか、そのほうが会社にも、そして本人のためにもいいのではないかと思っていました。定年後に「医療福祉関係分野の営業でした」とか、「学校教育分野の営業を担当していました」という言い方ができるように会社時代を過ごせれば、退職しても次の活躍の機会ができやすいでしょうし、新しい仲間との話もはずむのではないでしょうか。

会社を離れて改めて、「いま何をやっていますか、どんな立場ですか」という問いかけが、書類を含めて少なくないことに気づきました。いまさら「立場」ということでもないし、「定年退職して家にいます」とさらりと言うのがスマートなのですが、そこまで達観できていません。あまり参加していないNPOなどの名前を出すのも少し気が引けます。

そうした中で最近、定年後の活動から自分のことを「酒文化活動家」と称している方の記事を見ました。これにはうれしくなりました。そんなふうに自称できれば良いなと、大げさに言えば感動しました。「酒文化」「活動家」という言い方がいいではありませんか。料理の好きな方は「料理文化活動家」、テニスの好きな方は「テニス文化活動家」と言えそうです。先に「何々文化活動家」と決めれば、何やらこれからの方向と覚悟も見えそうです。

とはいえ、ときどき書かせられる書類の職業欄の記入には困ります。「無職」ではやはり落ち着きません。見栄や願望もあるのでしょう。選択肢に「定年退職者」という項目があって固まったこともありました。

「〇〇文化活動家」と書いてみたいのですが、提出する書類に記入するには躊躇します。いまは面倒なので「自営業」としています。これも便利と言えば便利な言葉ですが、覚悟と行動がまだ伴っていません。

不確かになる時間感覚

家にいるようになって戸惑うことの一つに「予定への不安」があります。今日の、明日のこの予定は間違いないよねということが、なんとなく心配になるのです。特にその予定を決めたのが何か月も前だとかＦＡＸか何かで申し込んだ会などでは、行っても誰も居ないのではないかと思い、電話で確認を入れることがあります。職場では毎週毎日一定のスピードとリズムで事が動いていますから、こういった不安を持ったことはありませんでした。大切な面談などでは直前になって先方に確認を入れていましたが、これは一種の礼儀のようなもので、自分の心配からではありません。

そして「今日は何日？　何曜日？」ということが不確かになっています。新聞の月日や曜日を見てもピンとこないことがたまにあります。「今日はなんのゴミの日だっけ」と女房に確認します。「今日感覚」が薄らいでいるのです。それはそれで幸せな時間感覚なのかもしれませんが、まだ少し早いでしょう。

一日の時間の流れも曖昧になっています。通勤という苦行から解放されたことはいいのですが、朝からメリハリのない時間が始まります。これまでの週末もそうでしたが、毎日となるとこれはどうにも落ち着きません。つけっ放しのテレビで時間を確認しながら新聞を読みますが、それほど時間がかかるわけではありません。見たくもないテレビをなんとなく見ることになります。「いま頃、会社ではこんな感じだったかな」と思い浮かべて「いまの時間」を確かめることもあります。小学校の夏休みのときのように一日の時間割を作ってみたこともありますが、なんだかバカらしくなって二、三日しか続きませんでした。

カレンダー売り場で家族一人一人の予定を書き込めるモノを見つけました。それまでは余白に書き込みができるものを使っていたのですが、書いてあったりなかったりで曖昧でした。しかし、このカレンダーを試しに使ってみるとなかなかいいのです。一人だけでなく、家族それぞれの予定があるとなんとなく「時間」が確かに見えるのです。そして「次の一週間はこうなんだ」というイメージが湧きます。残念ながら他の家族には不評で、「私たちの予定まで管理しないでください」と女房からクギを刺されました。

「一日ボーッと過ごすのも、我々の大きな楽しみであり、特権と思っています」とある定年八年の先輩に言われたことを思い浮かべました。

そのうちこういう時間に慣れるのでしょうか。

通勤とともになくなったもの

定年になって失ったもの、なくしたものはいろいろあります。もちろん給料、昼間の定位置というか居場所、良いも悪いも会社の仲間、定期券がなくなったのが困るという方も多いようです。名刺も、そこに書いてあった肩書きもなくなります。家族の中での立場も危ういかもしれません。「突き詰めて言えば、日本の家庭内での男の存在意義は、家庭に安定した収入をもたらすことにあった」と言い切る社会学者もいます。

私は通勤する時間がとにかくイヤでした。「人生の無駄」と思っていました。地方から出てきた身には往復二、三時間の通勤は耐え難い感じがしました。そして定年です。失ったものはたくさんありますが、通勤時間もなくなるのです。あの人間扱いされない通勤時間から解放されるのです。

ところが通勤時間はいくつかの機能を持っていたのです。ティッシュをもらうなどということもありますが、「ながら」が身についてしまっていたのです。新聞や本を読んだりする時間でした。電車の中と比べて、家で「新聞を読むだけ」「本を読むだけ」という時間がなんとなく居心地が悪く、集中力が持たないのです。読んでも頭に入る効率が悪いようです。一人になれる、一人で考えたりぼんやりしたりする大切な時間でもありました。もちろん運動にもなっていたはずです。

意外なものも失っていました。これが実は大きいのかもしれません。それは通勤時に得ていた情報です。電車の中にはさまざまな車内広告があります。特に週刊誌の広告はそれだけで中身をざっと読んだくらいの価値があります。隣の人が読んでいるスポーツ紙や夕刊紙の見出しからもなんとなく面白情報を得ることがあるようです。

そして、何よりまちの風景と人の様子からの情報です。「定点観測」という言葉があります。気象観測からの用語でしょうが、同じ場所で長い時間、毎日毎月、同じものを見続ける、そうすると見る対象の変化などについて大変質の高い、生の情報が得られるということで、社会調査の手法としても使われます。

通勤という時間の中で私たちは知らず知らずのうちにこれをやっていたのです。若い人たちのファッションや行動の様子から学生たちの態度、子供に付き添う母親のものの言い方、今年の新入社員の顔つき、何気なく見聞きしていたことから私たちはとても多くの、大切なことを得ていたようです。もちろん、そろそろコートを着るか、などの気づきももらっていました。これに代わるものがあるのかないのかわかりません。ただ、これを失ったということの意味が意外に大きいのではないかという懸念があるのです。

第三章　日々、過ごす

家庭内自立は昼ごはんから?

本社勤務が長く、昼食は「社員食堂」で取ることがほとんどでした。いくつかのメニューからその日一緒の仲間と何にするか決めればあとは並んで食べるだけ。安くて栄養バランスも良いと、なんの疑問も感じませんでした。特に雨の日などは恵まれているなと会社に感謝をしていました。

定年を過ぎて、しばらくは関連した会社に非常勤でお世話になりました。社員食堂はなく、昼食は弁当を頼むか近くの店に行きます。これが面倒さえいとわなければ結構美味しく、楽しいのです。会社のある場所が古くからのオフィス街という利点もあったのですが、社員食堂の、見方によってはブロイラーのような昼食から、自然な放し飼いのそれに変わったのです。さまざまな店がそれぞれのやり方でランチを競っています。誰もが「美味しいものを安く」と店を選ぶわけですから、時間がなくなったりしたときは「高い」や「まずい」もので済まさなければいけません。いずれにしろ「世界が広がり」ました。

亭主が家にいるようになると昼ごはんの世話をしなければいけないというのが世の奥様方の悩み、というか苦痛という話を聞いていました。それまで一人だけで、残り物や何かで適当に済んだものが、「昼ごはん」として用意しなければならないというわけです。奥様のほうに出かける予定などがあるとなおさらでしょう。「これからは俺が作るよ」と言えればいいのですが、残念ながら私には料理をするという能がありません。でも「重荷にはなりたくない」ので、次善の方法として、「自分の昼飯は自分で調達するから」と女房に言っています。近くの店で弁当やサンドイッチを買ってくるのです。あなたには面倒はかけませんから、と言いたいのです。少し情けないのですが、精一杯の自立心の表現です。

料理が趣味というタレントの話をテレビで見ました。彼は「みんなが喜んでくれるから料理が好き」と言うのです。それを聞いてなんだか少し後ろめたい気持ちになりました。私には他人が喜ぶから、という動機で何かをするということがほとんどないのではないかと思ったのです。「みんなが喜んでくれるから料理が好き」とさらりと言えるそのタレントがすごく偉い人に思えました。

「自分の昼飯は自分で調達するから」迷惑はかけない、大げさに言えば「自分で責任を持つ」と強がっているのですが、この考え方はこれからの地域や家庭の時間の中では一人ぼっちになる元ではないかと思い直しました。会社にいる間はかまわなかったのですが、それでは周りに壁を作っていくことになり、新しい仲間に入っていけないなと感じました。男の料理教室はそんなことも教えてくれるのでしょうか。

金銭感覚が変わる

どちらかというと浪費家です。安物買いの銭失いです。モノを持っていないと落ち着かない性質です。買っても使わないまま、ということがあります。それでもサラ金にもお世話にならず、これまでなんとかやってこられたのは、「安物買い」だったためと、女房が幸い私と逆で、無駄遣いがあまり好きではなかったからではないでしょうか。良い女房、と言ったら怒られますが、助けられました。

それが、やはり定年になって変わりました。小遣い帳をつけたり、年間収支を見たりするようになったためかもしれませんが、なんといっても収入が減ったからでしょう。これまで気にもしなかった交通費ですが、バスに乗らずに歩いたり、少し時間がかかっても乗り換えをしないようにしたり、そしてタクシーに乗らなくなりました。食べたり飲んだりすることにもなんとなくシビアになり、いつもより高い店でも「まあいいか」という判断はしなくなりました。自分の衣類は自分で調達するのですが、これもそれまでの「迷ったら買う」から「迷ったら買わない」になりました。

会社にいたときには自分の時間給でモノの値段を考えるくせがありました。「この商品は自分の○○時間の仕事に相当する、これを買うことはそれに値するか」と考えていました。

六十歳を過ぎて時間給が減り、非常勤になって、関係会社に出てさらに減り、という中で値段を見る目は厳しくなりました。完全に会社から離れると、値段そのものでしか評価ができなくなりました。そしてあるとき、どのスーパーが一円でも安いかと折り込み広告を見比べている自分に気がついたのです。

お金を稼いだり使ったりするのが私たちの「経済行為」だとすると、「稼ぎ」がなくなったときには「使う」だけになり、どうやらその中で経済的な合理性や最大効果を追求することになるようです。奥様方が一円でも安い店を探すということを少し冷ややかに見ていたのですが、その立場になると男も同じです。

新聞などには最近の若い人はお金にしっかりしていると書かれています。年配の人たちがパーッと使う姿を見てどう思うかということに対して、かなりの若い人が「いたましい」と感じるそうです。いたましい、という感覚には哀れみもあるのでしょう。この記事を読んで「日本人は進化したんだ」と思いました。

定年になって、「私も進化するんだ」という気になっています。大切に、上手にお金を使うのがカッコいいということです。そして「自分なりにいいものを少し」という生活ができるようになればと願っています。

日記が書けるようになる

子供のときから日記をつけようとするのが好きでした。でも三日坊主、良くて二、三か月続くけど、あとは真っ白なページが残るだけでした。当用日記がダメなら自由日記、途中が空いても気にせずまた書き始めるなどなど、いろいろやりましたが、結局ダメでした。大小さまざまな、ほとんど白いページを残した日記帳を積み上げ、もう日記をつけることをあきらめていました。

定年近くになり、小遣い帳をつけ始めることにしたのと併せてもう一度日記をつけ始めました。これが意外なことに続けることができました。いま、手元には最後まで使われた日記帳が七冊あります。

T書店の当用日記帳です。見開き一週間の横書き、ビジネスダイアリーに近い形で、初めのほうには年間、月間のスケジュール表がついており、後ろ半分近くはノートになっています。毎日の欄にも上と左に空欄があります。初めの頃はとにかく毎日の罫線を埋めるだけでしたが、続くにしたがっていろいろ試してみたくなりました。

- 月間スケジュール表にその月の主な出来事をあとで書き込む。
- 週の初めの空欄にその週に「気をつけて過ごしたいこと」を書いておく。たとえば「酒を控える」「人の話を聞く」など。

・ノートのところに日記欄では書ききれない思いや感じたことを書く。

・運動のノルマをこなしたかどうか印を入れる。

・体重を量り記入する。

・ノートのところをスクラップブックのように使う。

今年やっているのは、

・毎日のお酒の量を、飲まなかったの「○○」から酔いつぶれるくらい飲んだの「▲▲▲」まで数段階で記入する。一週間で○と▲の差し引きをし、○が残るように心がける。

・後ろのノートのところに、週ごとに一ページ、その週の気になることや出来事を書き込み、コメントをつける。

少しやりすぎでしょうか。でも結構楽しんで、いまではすっかり習慣化しているようです。あるときは、それまでの何年間かのその月の主な出来事を書き出したことがあります。自転車で転んだ、女房と言い争ってその後厳しく当たられた、手紙を書いた、などなど。その月にあったことを思い出して、いいことと悪いことそれぞれをしばらく心がけました。

テレビの見方

定年になったサラリーマンがまずはまるのがテレビ通販という話を聞いたことがあります。実は私もはまりそうになりました。

私は朝型です。昔は夜型でもいまは朝型かな、という方もいらっしゃるでしょう。朝、まだ家族が寝入っている時間、なんとなくテレビをつけます。あちこちチャンネルを替えるのですが見たいような番組はありません。なんとなく新しい情報がありそうで、通販のチャンネルに戻ります。まだ新聞も届かず、何も考えずにテレビを見ています。と、「えっ、そんなものがあるの」という話が紹介されるのです。なかなかきれいにならない浴槽の汚れが魔法のように落ちる洗剤、車がいつまでもきれいなワックス、私でもすぐに美味しい料理ができそうな調理器具、簡単にお腹が引っ込む健康器具、どれも魅力的です。B級通販商品という言葉は知っていて、そんなものいかがわしいよ、という思いとはうらはらに、その紹介に聞き入り、見入ってしまいます。

昼は昼で一人、チャンネルを切り替えます。バラエティーショーというのをあちこちの局でやっています。それに古い洋画や時代劇の再放送、コマーシャルの時間がやたら長いのが気になります。こちらのほうは比較的早く定位置が決まりました。NHKの教育番組です。早い時間は中学生や高校生向けの教科別の番組があります。理科や社会科は、なんとなく見ているには惜しいくらい面白そうです。数学などはしっかり見ようとするので疲れます。夕方になると幼児向けの番組があります。これはこれで結構楽しめます。というか、よくできています。「アレッ」と思うような実力派のタレントが出ていたりします。『百歳万歳』というこれもＮＨＫですが、なぜか広島放送局が作成している番組も元気が出ます。百歳で歌の先生を続けていらっしゃる大先輩や、若者のように新しいことにチャレンジしていらっしゃる大先輩の様子を見聞きすると、足元には及ばずとも自分も「まだこれから」という想いにかられます。オープニングの「私たちはいい感じ……」というパフィの歌を聞くとそれだけでうれしくなってしまいます。少し違った視点ですが『ようこそ先輩』という番組も見逃せません。以前は「品行方正・成績優秀」な優等生的な先輩が多かったのですが、ここにきてかなり変わった先輩も登場するようになりました。

　実は、我が家には衛星放送もケーブルテレビもありません。それを入れると一日中テレビ漬けになるのは目に見えています。その魅力に抗う力はとてもないような気がします。

パソコン、ありがたいけれど悩みのたね

パソコンとは比較的長い付き合いです。FM8という初期のパソコンで、BASIC言語を使う頃から、もう三十年近くになります。一日かかって作ったデータが一瞬に消えるというつらい目に何度かあいながらの付き合いです。その後しばらくはマッキントッシュ、そして会社がソフトの統一をしたためウィンドウズになりました。ただ、いつまで経っても「設定」や「システム的なトラブル」にはまったく無力です。いつも近くに詳しい人がいて、「どうしたらいい?」と聞くとさっさと問題を解決してくれたためです。

自宅にいるようになるとパソコンはやはり便利です。特にインターネットが自由に使えるようになってから定年になったことにとても感謝しています。「会社」と「在宅」の格差がとても小さくなったのですから。ただ困るのは、何かうまくいかないとき、誰も助けてくれないということです。

長い間の他人頼みの習い性は身にしみついています。ほんのちょっとしたことがわからないのです。「システム」の基本的なあり方を知らずに来てしまったので、それが大きな問題か小さな問題か、自分の問題か相手の問題か、まったくわかりません。すぐパニック状態になってしまいます。データが一瞬に消えてしまう恐怖が離れません。それぞれのサー

ビスセンターに電話をしますがつながりません。たまにつながっても、その言っていることがわかりません。相手に悪くなって、「もういいです」と言ってしまうことになります。最近ではメールでしか受け付けないところもあります。フリーズして動かないのにどうすればいいのでしょう。この前はセキュリティソフトの入れ替えに失敗し、電気屋さんに初期状態に戻してもらう羽目にまでなりました。お金もかかります。一方で、再起動するだけで問題解決というケースも多く、電池を抜いて電源を引っこ抜いたりということもまれではありません。データのバックアップも取りますが、似たようなデータが増えてかえって混乱します。

さらに新しいOSが出たり、フリーソフトといわれる、何か便利そうなものが出てきたり、通信方式が次々と高度になったり、とその状況は目まぐるしく進歩しています。機器の買い替えすらどうしていいのかわからなくなっています。運転免許を取ったばかりの女の子がスーパーカーの運転席に座っているようなものです。このことについては、いままでも「思案投げ首」です。ノートを作り、問題が起きるたびに、その解決の手順を書いたりもしているのですが、あまり役立っている気はしません。お金を払ってサポート契約すればいいのでしょうが、それも口惜しいのです。

家の電話には出ない、携帯電話は使えない

まず普通の電話、家にある固定電話です。昼間、結構いろいろな電話が入ります。ほとんどが勧誘や売り込みです。どこで調べるのか、個人情報なんかなんのそのといった感じです。私あてのちゃんとした電話はまずありません。女房への電話は、出ると相手も戸惑うようで、こちらもどう応対すればいいのかわかりません。

一人でいるときは留守番電話のままにしておくことにしました。留守番メッセージの途中でプツンと切られることが多く、それはそれで気分は良くないのですが、聞き覚えのある声が入ればそこで受話器を取ります。必要な人にはそう伝えてあります。

そして携帯電話。これはいつまで経っても苦手です。老眼の進行も相まって苦手意識が付きまといます。持つのを忘れる、自分の電話が鳴っても気がつかないなど、基本ができていません。ただ、こちらからかけるのとメールは重宝しています。特にメールは「何時に帰る」など、一方的にこちらの都合や状況を知らせることができて気持ちの負担もなく助かります。

しかし、不満もあります。どうしてもっと使い勝手を考えてくれないのでしょうか。たとえばメールの文字変換です。一字打つたびに最近使った文字を表示してくれるのはあり

がたいのですが、どうせなら「同じあて先のメールに最近使った文字」を表示してくれればずっと楽ができます。「あ」と打てば相手が恋人なら「愛して」、仕事の相手先なら「明日」という文字が出れば楽です（どこかの携帯にはもうあるのかもしれませんが）。

音声メール専門のアドレスも欲しいものの一つです。留守電ですと録音に入るまで余計なメッセージを聞かなくてはなりませんし、相手が取るかもしれないという期待（不安）と、忙しいのに悪いという思いがあります。音声専門のアドレスがあれば単刀直入に用件を言えますし、電話に出なければという相手の負担を感じることもありません（これもどこかにサービスがあるかもしれませんが）。

老人向けの携帯が売れ筋ですが、こういう機能やサービスもいいのではないでしょうか。障害者や高齢者に使い勝手がいいものはみんなにとって使いやすいというユニバーサルデザインと同じようなもの、ユニバーサルサービスと言えばいいのでしょうか。高齢者向けの商品ニーズを掘り起こし企業に売り込むというビジネスが出始めたようですが、こういうさまざまな、きめ細かなニーズは携帯電話に限らずたくさんありそうです。

新聞に依存してしまう

新入社員のとき、企業社会のことを知ろうと日経新聞を取り出しました。他の新聞より購読料は高いし、記事も偏っているのでどうかと思いましたが勉強と割り切りました。そして結婚したときにも替えずにそのまま取り続けています。というわけでここからの文章は他の新聞でも同じような傾向でしょうが日経新聞の話です。

定年が近くなってから新聞の読み方というのでしょうか、読む記事が変わりました。それまでは建設会社の市場開発が担当でしたから産業ごとの企業の新しい動向などを丹念に読んでいましたが、定年近くになって生活関連の記事に目が行くようになりました。日経新聞も企業人相手だけでは部数は増えないと気づいたのでしょうか、ここ数年、企業ＯＢや一般生活者向けの記事が増えています。特に夕刊や土曜、日曜の紙面で力を入れています。曜日ごとにテーマを決め、産業界を離れた視点で特集を組んでいます。面白いのは「シニア記者がつくる紙面」や「シニア記者の体験旅行」などの注釈がわざわざついているものがあることです。シニア記者から特集の提案を募っているものもあり、私たちと似た目線のテーマが選ばれています。ちなみに日経は一つの記事にかける手間がかなり丁寧というかシステマティックなようです。まず日経新聞で、次に日経○○という専門新聞で、そして雑誌それも一般誌と専門誌で、本で、もちろんＷＥＢの世界でと、一つのテーマで何度も商売しているからでしょうか。

いずれにしろ私たち提年期向けの記事が充実しさまざまな問題提起がされたり、参考になる情報が提供されたりするのはありがたいことです。

家にいる時間が長くなると毎日の生活の中での新聞のウエイトが大きくなりました。朝は結構なめるように読みます。これまで読まなかった「経済教室」などという難解な解説や小さなコラムなども読んでみます。コーヒーなど飲みながらゆっくりと、というのは良いのですが、本当はなんだか落ち着かない気分でもあります。どうやら時間があれば良いというわけではなさそうです。読んだ情報が自分の中で広がっていかないのです。情報を受ける問題意識やそれを自分のことと関連付ける状況がなくなっているためでしょうか。

夕刊は、それこそ「待ち遠しい」存在です。配達の音がするといそいそと取りに行きます。その分、ろくな記事がないとなんだか一日が貧しいような侘びしいような気分に陥ります。新聞なんか無くても良い、という一日を目指したいと考えています。

スクラップを始める

会社では昔は新聞記事の回覧がありましたし、最近は記事検索サービスに加入していますから、自分で記事を残しておくことはほとんどありませんでした。

定年が近くなって健康管理のことやセカンドライフなどに関する記事が気になりだしました。そこで投資の勉強を機会に「スクラップ」を始めました。経済記事だけでなく健康や食べ物などいろいろな記事を、ほとんどが日経新聞からでしたが、雑誌や店のチラシなどからも取っておきました。

初めはある程度溜まったものをA４判の紙にきちんと貼り付けていました。切り取って、整理して、貼り付けるのが目的のようになりましたが、その都度、つまり三回はその記事を「意識する」のでそれはそれでいいかと続けていました。ところが未整理のものが机の上に積み上がるようになり、整理することが負担になってきました。そうするとついつい切り取ることが億劫になり、残しておきたかった記事が見つからないことが度々起きるようになりました。新聞を読むこと自体までなんだか憂鬱になり本末転倒になってしまいました。

そこで、百円ショップでクリアホルダーを買い、これにどんどん入れていくことにしました。小さなものだけは重ならないよう紙に仮止めしますが、記事の大きさ形や厚みをほとんど気にしないで済みます。切り取る記事もできるだけ絞り、三か月分ぐらい溜まったときにざっと目を通していらないものは整理します。いまのところこれで続けています。

ホルダーは「経済」「生活」「高齢者・住まい」「行くところ・食べるところ」の四つに大きく分類しています。紙貼りのときはもっと細かかったのですが「分類するのに悩むし、そのためあとで見つからない」というバカな事態になったので、ホルダーにしたとき簡単にしました。いくつかの記事から「あっ、そうなんだ」という意外な気づきがあることもあります。そのためにも分類は大まかなほうがよさそうです。

投資の勉強から始めましたから最初のうちは経済関係の記事が主でした。「投資は分散」ですから「幅広く知見を広めよう」と、世界経済の動向から初心者向けの投資教室まで、せっせと切り抜きに励みました。ところが経済記事はあとではほとんど役に立たないのです。いまでは生活関連や高齢者・健康関連のものが多くなっています。特に「行くところ・食べるところ」は切り取るだけでもなんとなくその気分になれるので楽しめます。

インターネットの時代、スクラップなんてと言われそうですが、それを見て、切り取ったときの自分の思いを振り返るという一種の日記帳のような効果もあるようです。

葉書とメールの使い分け

ある時期から筆まめになりました。

建設会社は「お祭り」が好きで、その延長から社員の身内の葬儀も面倒見が良いということがあります。そのため、あまりお付き合いがなくとも、もちろん亡くなられた方とはまったく会ったこともないのに、通夜や葬儀に参列することになります。

そんな中で、私の父が亡くなったとき、ある方が弔意の手紙をくださいました。田舎での葬儀でしたから参列は無理なのです。大変短いものでしたが、「これが良いのだ」と気がつきました。それからはよほどのことでない限り、つまり本人かそれに近い人の葬儀でない限り、お香典は預けて、お悔やみの気持ちは葉書でさせていただくことにしました。社内では昇進された方のお祝いの気持ちを電報で表す風習もあったのですが、これも葉書でさせていただきました。病気のお見舞いも、まず手紙でさせていただきます。

送られた方の葉書や手紙に対する反応は総じて、「わざわざご丁寧に恐縮です」という感じです。返信を送ってこられる方もあり、こればかりは本当に恐縮してしまいます。参列するより葉書のほうが負担がないので、などとは言えません。でも、このほうが気持ちをしっかりとお伝えできると考えるようになりました。

そして、メールの時代です。相手のいるいないを気にせず、お互いに都合の良い時間に連絡することができます。一度に多くの方に連絡することもできます。下書きなどなくても「コピー&ペースト」でこれまでの文章を簡単に転用できます。やろうと思えば、いただいたメールの文章を使えます。

ただこの便利さがいまいち、しっくりきません。出して、何かの返信を期待しているのに、来ません。返信は期待していないものが来てしまいます。以前の文章を修正したつもりが、変な一語が残っているのを気づかず送信してしまいます。目はあっと気がついたときに、右手は送信のクリックを押しています。取り消しができません。そして私にとってメールは手紙と同じくらい手間がかかるのに、受けられた方には「ご丁寧に」という気持ちはまず起きないようです。

葉書一枚あればどのような気持ちも伝えられる、とおっしゃる方がいます。用件はメールで、気持ちは手紙、葉書でさせていただこうと思います。この葉書にはどの切手を貼ろうかという楽しみも湧いてきます。

苦手だったゲームをクリックする

家で仕事をしていた父親はよくトランプで一人ゲームをしていました。時計の形にカードを配り、それを時刻の数字に合わせるゲームや、Ａからキングまで順にカードを並べ替えるゲームです。「これをやっていると何も考えないから、頭が休まる」と言っていました。

いまはゲームといえばテレビゲームですが、私はあまり好きではありませんでした。例のインベーダーゲームが大流行のときも、一生懸命になれませんでした。それが、家にいる時間が長くなると、なんとなくパソコンのゲームを始めてしまうのです。新聞も読んだ、テレビも騒がしいだけ、という気分になり、パソコンでニュースを見ます。それが終わってしまうと、右手はゲームをクリックしています。父のやっていたトランプゲームに近いもの、そしてマージャンです。

マージャンはさすがに後ろめたさを感じます。女房に見られると何か言われそうです。みんなが仕事をしている昼日中から一人、パソコンでマージャンでは惨めな気持ちにもなります。でも、なんとなく始めてしまうのです。最初はあれこれ考えて手づくりをしていたのですが、そのうち単純な、無理な手づくりばかりやるようになりました。当然負けます。腹は立ちます。何もいいことはなさそうなのですが、それでも続けます。トランプゲームのほうは難しさのレベルが調整できます。一番やさしいレベルにしていつも「おめでとう」という文字と花火が出るようにしています。こちらのほうは頭の休息と言えそうです。「ネトゲ廃人」という言葉を本の広告で見て、なんのことかと思いました。紹介記事を読む限りでは、ネットゲームに熱中するあまり、普通の生活ができなくなり「廃人」になる人のことのようです。驚きました。幸か不幸か、私はゲームをやるためのリテラシーが相当低いようです。子供の持っているロールプレーイングゲームに手が出ません。そのルールがいつまでもわからずに、子供に教えてもらわなければならないのです。キーの使い方すらすぐ間違えます。廃人にはとてもなれません。

リアルとバーチャル、などと難しく言うつもりはありませんが、体が動く間はできるだけリアルの世界で過ごしたいと思っています。トランプゲームも本物のトランプを使ったほうが指先の運動にもなり、老化防止に良さそうです。

ただ、実はネットゲームにも興味はあります。これからはますます高度な技術や手法が出てきて、何かすごいことになりそうな気がします。年寄り向けのやさしく、楽しく、できたら相手の顔の見えるものを希望しています。

写真、いまむかし

子供を撮った写真はピンボケ、ブレばかりです。「本当に写真部にいたの？　信じられない」と女房は言います。「私のほうがうまいんじゃない？」。どちらも本当です。

大学で二年間、写真部にいました。入学してから、建築にはデザイン的な訓練が必要だと気がついたのです。絵はちょっと、という感じでした。写真ならなんとかなりそう、それに「構図」が大切なことなどもいかにも建築的です。教養課程の間、すごく熱心というわけではありませんでしたが、それなりの部員でした。

「何を撮る」というより、どんなフィルムで、どういうふうに現像して、どういうふうに焼き付けるか、ということが好きでした。フィルムは「トライX」という、ハーフトーンを飛ばして、白と黒が強く出るタイプのものを多用しました。暗室で、ロールになっているフィルムを市販フィルムのパトローネ（円筒形のケース）に入るように切り分けて、装塡します。このフィルムは安いのも魅力でした。フィルムをネガに加工するのが現像ですが、これも現像時間を変え、フィルムの感度を上げたり、現像前に一瞬光を当てて白黒を反転させるソラリゼーションということをやったりしていました。そして、焼き付けでは光を当てる時間を部分的に増減させ、明暗濃淡の調整をします。

いま、女性の間でカメラがブームなのだそうです。公園などで、一人、一眼レフカメラをたずさえて花木を撮影している女性を見かけます。定年男のそれは昔から珍しくありませんでしたが、新しい仲間が参入しているようです。これも、デジタル化でカメラの操作がやさしくなったことや、フィルム、現像などにお金がかからなくなったからなのでしょう。我が家の娘も写真に興味を持ち出し、一眼レフカメラを持ち歩いています。

それならばと、ン十年ぶりでカメラ雑誌を買ってみました。昔とは違い、デジタル技術一色です。なるほど、と気がつきました。写真は撮影、現像、焼き付けの三つの工程でしたが、この現像、焼き付け、そしてフィルムやフィルターの選択がすべてパソコンやデジタルカメラ本体で処理できるのです。私はコンパクトカメラですが、これまでは撮って、パソコンに入れて、あとはプリンターでお任せプリントでした。これに映像処理のソフトを使えば、昔のようにさまざまな加工やプリントが楽しめそうです。少し心がはやりました。

でも、それは娘に任せようと思っています。始めると、深入りしそうです。深入りすると、それだけになりそうです。パソコンと一日向き合ったり、何かに応募したりしている自分が見えて、「それは無し」にしました。

椅子にこだわりを

会社に入って最初に気になったことの一つに椅子があります。昔はどの会社でも似たようなものだったのでしょう、平社員は袖なし、主任で細い袖がついて、係長になると袖が太くなるというようになっていました。管理の社員が椅子の入れ替えをしているのを見て「あ、あの人偉くなったんだ」と気づきました。私自身も初めて袖つきの椅子が来たときはまんざらでもなかったように思います。

家の椅子には少しこだわりました。十分な広さが取れないのに大きなダイニングテーブルが欲しかったので、リビングと兼用にしました。食事もテレビも同じ場所、一日中座っても大丈夫なように、ゆったりとした椅子を選びました。そのあとで自分用の椅子を買うときにもいろいろ探しました。設計部門に腰痛の人がいて、彼が会社に特別に自分で椅子を持ち込んでいたのに座らせてもらい、気に入りました。少し幅広で、年をとっても座りやすそうでした。

「日本の家の居間ソファの三大用途は何か」という面白い問いがありました。①奥さんが畳んだ洗濯物を仮置きする、②子供がその上で飛び跳ねて遊ぶ、③床に座っているご主人が背もたれにする、が答えです。そのため、日本のソファはスプリングが丈夫で、横には滑りにくいものでなくてはいけない、と言われました。

定年ン年過ぎのNさんが奥様とソファの買い替えの件で意見が合わないとおっしゃいます。ご主人はリクライニングの、飛行機のファーストクラスのような一人がけの椅子を二つ希望され、奥様は長いソファが欲しいとのことでした。「日本の家の居間ソファの三大用途」は若い家族の話ですが、私たちの年代での使い方はどうなのでしょう。Nさんとの話の中で出てきたのは、①奥様がその上で横になる、②たまには座る、ただし足はソファの上のどこか、③床に座るときの背もたれ（これは同じ）というものでした。そんな話の中でNさんは奥様の希望に同意される気持ちになられたようです。ただ、自分用にオットマン（足のせの台）をつけるようにお勧めしました。たぶん、リクライニングの豪華シートでは半年もすると飽きてしまわれるでしょう。最近はさまざまなクッションが出てきていますから、そういったものを好みや姿勢に合わせて使うことも良いのではないでしょうか。

昔と比べると和室が少なくなりました。本当は畳の上で融通無碍にごろごろするのが良いのでしょうが、床座りができなくなるなどの問題もありそうです。ここは一生モノの椅子を考えてはどうでしょうか。あまり柔らかすぎず、その上で自由な体形が取れて、昼寝などできそうなものがいいようです。

やらなければいけないこと

玄関の靴入れの中は八年前に建て替えをしたときに作った仮のダンボールの棚が残ったままです。娘の部屋のクローゼットには棚がありません。私が「自分でやる」と言って、まだ手がついていないからです。去年は何もしていなかった濡れ縁が腐りだし、ようやくステインを塗りましたが、こんなことなら早くやっておけば良かったとがっかりしています。

毎年、年末の寒い中、雨戸網戸の掃除、床のワックスがけ、空気清浄のフィルターの洗浄をします。やるたびに、来年は十一月頃のもっと暖かいときにやろうと思うのですが、毎年、暮れの仕事になります。やらなくてもなんとかなるものは限りなく先延ばししてしまいます。

昔はそんなことはなかったのです。マンションを売るときは自分で天井を塗り替えましたし、そのあと入った中古の戸建て住宅では和室以外の壁天井の壁紙を全部自分で張り替えました。玄関の木製扉も塗り替えました。いまの家の納戸の棚も最初は自分で作ったのです。ゴールデンウィークや夏休みは「やる項目」リストを作り、一日一日片づけていたのです。電気ノコギリ、二つある電気ドリル（ネジ穴あけとネジを締めるのを効率よくやるためです）、サンダー、トリマー、さまざまな工具が納戸に眠っています。

会社に毎日出て忙しかったときにはできたのに、ヒマになったらできません。女房も「家にいるようになったらどうなるんだろう。なんだかんだと始めるのは迷惑だなあ」と思っていたそうですが、逆に何もやらないので拍子抜けしたと言っています。正直、どうしてこんなにやる気がなくなったのかわかりません。

定年になってから大工道具をそろえ、家の中のリフォームをご自分でやっていらっしゃる方の話を聞きます。家一軒、建てられた方もいるそうです。それまでせっせとやっていたのに、定年になってやらなくなったというのは、それも「会社生活の一部」だったからなのでしょうか。頭のどこかで、体のどこかが、「もうやらなくて良いんだよ」と言っているようです。このような文章書きはせっせとやっているのですから、怠け者になったということでもないのでしょう。昔、「燃え尽き症候群」ということが話題になりましたが、そんな感じです。定年症候群なのでしょうか。

仕事のほうはもういいのですが、こちらのほうは家族に迷惑がかかります。「やることそのものの達成感」ではなく、「できたあとの家族の喜び」をイメージしてやれないかと考えていますが、まだ実行は伴っていません。

少し心配な女房との違い

もちろん女房とは育った環境、家庭が違いますから、生活の習慣やくせが違うことは当然です。そしてこれまでは私は会社に軸足があり、女房は家に軸足があったので、なんとなく棲み分けができていました。女房の実家が近くにあり、よく子供を見てもらっていたので、日々の生活がそちらのスタイルになったのはやむをえません。

たとえば食事のときの盛り付け方です。私が育った家ではほとんどの料理は一人一人のお皿に分けられました。女房は料理の半分を一盛りにして食卓に出します。最初は戸惑いました。この話を我が家とは逆の、奥さんが金沢出身、本人は東京育ちの会社の同僚にしたところ、「そうなんですよ。家のやつは一つ一つ小皿に盛るんですよ。面倒くさいから止めろと言ってるんですが」という答えが返ってきました。これは家庭差ではなく地域差だとわかりました。家庭差ではたとえば食事前に甘いものを食べる習慣です。私の家では食事の前の甘いものは厳禁でした。父親が酒が好きだったせいもありますが、食事が進まなくなるというのが理由です。女房の両親はそれが楽しみです。いまでもこれは付き合えず、私だけは遠慮しています。

家にいるようになると、この違いが改めて気になってくるかもしれません。これまで「まあ良いか」と見過ごしていたことが、「我が家ではこうやっていたな」と思い出し、育った家のやり方を口に出す恐れがあります。

もう一つは会社で身につけたくせです。「次工程はお客様」ということがしみついていま
す。次にやりやすいようにしたほうがいいと考えますが、そうなっていないことがあると
気になります。女房のやり方に少し不満が出ます。「合理的か」というように考えるくせも
そうです。この前は麦茶を冷やすのにヤカンを入れたたらいの水がすっかり熱くなってい
たので、入れ替えて、ついでに水をちょろちょろ出しておいたら「余計なことはしないで。
私はこれがやりやすいのだから」と言われてしまいました。

女房は女房で気になることがあるようです。気を利かせて食器の後片づけをしていたら
「布巾をちゃんと使い分けてください」と、怒られてしまいました。

いまはとにかく「そのほうが良いはず」と思っても女房の機嫌が悪くなるようなことは
できるだけしないようにしています。でも、もっと年をとったときもそうでいられるか少
し自信がありません。そのうち何か言い出すかもしれないという心配があります。そうな
らないよう、気持ちを安定させなければなりません。できれば相手もある程度、私のやり
方を理解してくれないかという期待をしていますが、どうなのでしょうか。

第四章　地元の一歩

地域社会への一歩

「地域デビュー」という言葉があちこちに出ています。会社の人間関係を離れると、なんにもなくなり、話し相手もなく、路頭に迷う定年退職者への温かい励ましなのでしょう。でも「どこに、どういうふうに」と考えるととても気の重い話です。碁も将棋もやれません。犬も飼っていないし、子供の関係ももう期待できません。……。

まず、手堅く同じ会社出身で近くに住む方にアプローチしました。仕事も一緒にしたことのあるSさんです。お互いが利用する駅の近くで飲むことから始めました。そこに近くに住む会社の先輩やSさんの同期の方にも声をかけました。地域デビューとは言えませんが、少しだけ「地域」に近づくことができました。

次に、住んでいる区にはいろいろな区民参加の委員会があり、その委員の募集をしていることを知りました。区報を注意深くチェックして自分に合いそうな委員会を探しました。最初に地元のまちづくりの協議会と区の防災についての懇談会に応募しました。まちづくりのほうは落選しましたが、防災は当選しました。毎月一回、区の新しい防災教育のあり方を検討する委員会に二年間参加しました。これまでほとんど行ったことのない立派な区役所、思いがけず親しみやすい区の職員の方、初めての経験です。どこでどういう発言が期待されているのかもなかなかつかめませんでしたが、半年ぐらい経つとどの委員の方とタッグを組むといいか、どの委員の話は聞き流したほうがいいかなどわかってきます。年賀状をやり取りしたり、委員会とは別にお会いして一緒に飲む委員の方ができたりもしました。

この委員会が終わったあと、また二つ応募しました。これも一勝一敗でした。こうした委員は男女、年代、地域別にばらつくように選ばれるようです。そして六十歳代の男性は一番競争率が高そうな気がします。

応募には四百字くらいの小論文などを提出するようになっていますが、この書き方にもコツがあるようです。区の方に聞いたわけではありませんが、あまり立派なことを書くとダメなような気がします。その委員会がこれまでやってきたことや報告書を見て、これから考えたいテーマや自分なりの、住民としての「視点」を見つけるようにします。会社でやっていた営業提案と同じ要領、当たり前といえば当たり前です。

少し公的な場に参加できたので、地元でのさまざまな活動について客観的に見る目が養われ、参加したい活動グループなどを見定めることもできました。そんな私なりの一歩を始め、これから二歩、三歩と足を進め、交流の幅を広げようと思っています。

図書館とそれに代わるもの

あまり図書館は利用しないほうです。せっかく読むなら自分の本で、線でも引きながら読みたいと考えていました。ところが、家にいるようになり、女房から「図書館にでも行ったら」と言われました。

平日の昼前の図書館に行って気圧されました。新聞、雑誌コーナー近くの座席は「常連さん」専用のような雰囲気があり、新入りには近寄りがたい感じです。机のあるコーナーは若い人の勉強場所になっているようで、こちらはこちらで真剣な空気がただよっています。「図書館にでも」という身にはやはり居心地が良くありません。

地元の図書館が改修工事で半年ほど休館になったので、周辺の図書館を見て回りました。私が学生の頃と違ってどこの図書館もずいぶん立派です。特に隣のA市の図書館は広々としており「新入り」にも居場所がありそうです。雁行して独立したブースが用意されていて、マイペースで時間を過ごせます。中央のラウンジ風のスペースにはビデオコーナーがあり、ゆったりとした席で映画も楽しめます。それほど混んではいません。私の地元ほどは地域の高齢化が進んでいないのでこうした雰囲気が保たれているのでしょう。並べられている本も新しいものが多いようです。

蔵書はありませんが近くの区民館には学習室と称する一室があります。以前は余った部屋を当てているといった雰囲気で、寒々とした空気に包まれ、どこかで使い古した机と硬い椅子といった侘びしいものだったのですが、最近ブース形式に改装され、机も椅子も新しくなりました。中学校の机ほどのスペースですが、パソコン用のコンセントも取り付けられて格段に使いやすくなりました。利用者はまだ少なく、ちょっと何かをまとめるときなどに利用しています。意外な穴場も見つけました。隣の市の体育館のラウンジです。新しく建てられたばかりで、広々とした空間と椅子があり、眺めも抜群なのです。平日限りですが落ち着けます。

気の置けない仲間や知人と時間を過ごせるクラブのようなスペースがあれば最高なのにと思っています。それぞれが買った本を持ち寄ったり、共同で購入して回し読みしたりもできます。都心では有料の図書館や学習スペースが流行ってきているそうですが、住宅地では当分はできないでしょう。自宅を仲間の図書館として改造した方の話がありましたが、私自身では無理ですし、そんな余裕のある仲間もいません。月一万円の会費でスポーツクラブが成り立つのですから、できるような気もします。スポーツクラブに付帯したものでもかまいません。どなたか造っていただけないでしょうか。

平日のまちに気づく

会社勤めの間は住んでいるまちの平日の様子を目にすることはありませんでした。定年になり「散歩でも」してみようかと歩きました。会社をずる休みしているような妙な感覚がありいまでも慣れないのですが、一方とても新鮮です。

まず朝は地元の学校に通う小学生や中学生に出会います。通勤で一緒になる私立の生徒とはどこか違います。小学生は子供っぽさがそのまま出ているようで、下級生の面倒を見ながら集団で登校する姿は、「今日も元気でいいね」と声をかけたくなります。旗を持って生徒たちを誘導する地元の方々に敬意を表しながら歩きます。中学生のほうは何か生々しさがあります。特に下校時、仲間と「大丈夫かな」と思うようなけんかをしているかと思えば、一人で泣きそうになりながら歩いている子もいます。声をかけるとか、注意をしない自分にもどかしさを感じます。

次に目立つのが保育所に向かう自転車の親子です。散歩している私と比べて、頑張って一生懸命自転車をこいでいる姿に申し訳ない感じがします。そのあとしばらくすると「幼稚園バス」が走ります。角々にお母さんと子供が何人かで待っていて、バスが動きだすと「バイバイ」があります。自転車を一生懸命こぐお母さんと比べます。

それからしばらくしてまた、幼稚園バスと似たような光景が始まります。高齢者の方のデイサービスの迎えのバスで、これが意外と多いのです。いろいろな施設のバスが走り回り、競争が激しいようです。いくつかあるらしい施設のどこに行くのか、それをどのように選んでいるのか気になります。そして我が家の近くにも何人かバスにお乗りになる方がいらっしゃいます。

学校や施設に通う方々とは別の人たちもたくさんいらっしゃいます。朝夕には犬の散歩の方や我が同輩、先輩の散歩の方が少なくありません。そして主婦の方々です。買い物や庭先の掃除、花の手入れなど、いろいろお仕事があるようです。

驚いたのは「立ち話」をしている女性がとても多いことです。庭先と道路で垣根越しに、お互いに自転車を止めてなど、あちこちでお話をしています。主婦だけかと思ったらそうでなく、中学生くらいの女の子も立ち話がお好きなようです。これが長いのです。いつもの三十分コースで帰ってくるとまだ自転車を横に話が続いています。

自分の知らないところで毎日こういう光景があったのだと、一種の感動を覚えます。これからよろしくと心の中でお願いします。

男の立ち話

女性の立ち話は目につきますが男性の立ち話はめったに見ることがありません。自分も含めてまちには我が同輩、先輩の方が少なくないのですが、立ち話をしている人はいません。散歩の途中で知り合いの方にお会いしても、「おはようございます」「暑いですね」の一言で終わりです。たまに、「最近いかがですか」と声をおかけしても、「ええ、おかげさまで」と、あとが続きません。なんとなくそそくさとお互い別れます。

まちの中での女性と男性のコミュニケーション能力にこういう差があることが気になっていました。この差が地域での生存力の差なのではないかと大げさに考えます。まち中で立ち話がしてみたいと思うようになりました。

そんな「立ち話仲間求む」でしたが、実現しました。同じ町内に住む、子供が保育園、学童保育のときに同級だったO君のお父さんです。数年ぶりのお話でした。話はお互いの子供のことでした。最初のうちは、それぞれの様子や就職活動が大変なことなど、一般的な話題で良い感じでした。そのうち少し具体的な、子供の個人的な話に入り始めました。そのあたりから言葉を少し慎重に選びながら、どこまで話していいのか戸惑っている自分を感じ始めました。そんなことで、せいぜい五分か十分でこの「立ち話」は終わりました。

このことを近くに住む会社の先輩にお話ししました。その先輩は最近地域で活動を始め、新しい仲間ができて話もはずみ、一緒に飲みに行くような関係になったそうです。ところが先輩の話したことなどが奥様のほうの地域のネットワークにつながってその耳に入ったのです。奥様から「あんまり家のことを話すのは止めてほしい」と苦言をいただいたということです。これが立ち話のとき感じた戸惑いの原因でした。

会社では自分の責任や権限がはっきりしていますから、誰に何をどこまで話していいかということがわかっていました。ところが「地域」では私にその権限がどの程度あるのかわかっていませんし、相手を見ながら話を選ぶという経験もありません。相手を間違うとあらぬ話が近所を駆け巡るかもしれません。奥様方はこの経験と権限を持っているのです。私たちが会社で長い間かけて培った「会議する力」と同じように、奥様方は「地域で話す力」を養ってきたのです。これが「立ち話ができるという地域の生存力」の源のようです。

これは一朝一夕には得ることができないでしょう。場数を踏んで、失敗もやって身につくものです。それを新しい上司（女房や家族）は温かく見守ってくれるのでしょうか。転勤はありませんから「やり直し」が利きません。でも、避けては通れないところです。急がず、ひるまず、ときには「上司」にお伺いや相談をしながら、やっていきましょう。

地元の情報誌を知っていますか

自分の住む地域について知りたい、とすればまず新聞からです。最初、区報に興味を持ちました。表には区長の顔写真入りの新しい施策の記事などがありますが、ページをめくると自主的なグループの活動や区が協賛するさまざまな活動の予定が出ています。これを一つずつ見ていきます。太極拳、英会話、ダンスなど、実にさまざまな活動があることを知りました。ラケット・テニスの初心者教室やまちづくりの講演会はここで見つけて参加することにしました。

某全国紙の販売店は地域別に情報紙を月二回出していました。以前は周辺三区版でしたが、ある時期から私が住んでいる練馬区向けのものが発行され、地域の情報密度が格段に上がり、まち歩きやお店の紹介がずいぶん身近なものになりました。

飲食店や美容エステ店の紹介を満載した地域情報誌にも目を通すようになりました。それまで駅などで配られても受け取りもしなかったフリーペーパーです。エステは無縁ですが、近くの飲食店やお菓子屋さんの紹介があるものは切り取っておき、何かのついでに店を覗いたりしています。入ることがなくても店の姿形を見ておくと、その他の紹介情報を判断する参考になります。もちろん「試しに食べてみる」のが一番です。

練馬区は全国で初めて『るるぶ』という観光案内情報誌を区として出したことで知られています。こちらのほうは体系的に網羅しているので、隣のまち歩きなどには便利です。また区のまちづくりセンターでは、「福祉」や「いきもの」など、テーマ別にまちづくりの新聞を発行しています。

そういう目で見るとさまざまな地域情報誌があるようです。近くの商店街を対象にしたミニコミ誌もあります。ただ、こういう情報誌を継続的に手に入れる方法をまだ知りません。ＷＥＢで地域情報を提供しているサイトはあるのですが、不動産屋さんの提供のものが多く情報がかたよっているように思います。『練馬新聞』というのもありますが、こちらのほうは行政や地域の業界団体向けのようです。

ビジネスの世界ではクリッピング・サービスを提供しているところがたくさんあります。地域の情報も誰かそういう形で整理してくれればうれしいのですが、当面は自分で気づくしかなさそうです。近所の菓子店などに置いてあるパンフレットのようなものなども持ち帰り、地域の情報感度のアップに努めています。

歩いてまちを探検する

時間ができてやり始めたことが歩くこと、自転車で走ることでした。用事があるときないとき、歩き、走りました。通勤がなくなり運動不足が心配なこともありましたが、とにかく住んでいるまちの周りを見てみようという気持ちがあったのです。地元の役所が出している観光マップ（普通のまちでもこういうものを作っていたのです）に歩いたところは赤、走ったところは青で書き込みました。どこを歩いたか走ったか、わからないことも度々でしたが、そこは適当にしておきました。

歩き方には何通りかがありそうです。まず家の周辺の散歩です。ご近所の庭先や花木を楽しみます。季節感がテーマでしょうか。次は通勤時に電車で通り過ぎてはいましたが、これまで行ったことのない隣まちです。これからお近づきになるご挨拶がてら歩きます。美味しそうなパン屋さんや昔からの米屋さんなど、まちの風景と店先を楽しみます。しゃれたデザインの家があったりもします。

目的を決めたまち歩きもあります。定年を機会に参加した地元の建築士会は区の都市計画部門と一緒に「景観まち歩き」というイベントをやっています。地域にある「景観的な、都市計画的な」ポイントを洗い出し、シナリオを作り、一般の区民の方にも楽しんでいただけるような「説明」を考えます。似たような「まち歩き」はさまざまな形でいろいろな団体がやっているようです。

そんなこともあって歩くことが結構面白くなり、少し遠くまで歩きたくなりました。月一回通っている大田区にあるカウンセリングの教室まで、私の住んでいる練馬とは東京の北と南の位置関係です。一部の交通機関は使いましたが十数キロ、四時間半の道のりを歩いたのです。これまで点でしか知らなかった東京の西半分を線で結ぶことができました。

自転車のほうは一時間もあれば結構遠くまで行けます。歩道を走ると歩行者に迷惑がかかり、車道では車が怖いということがありますが、「風を切る」気持ちのよさは抜群です。スピードに乗ってどんどん走っていると道に迷ってしまうこともありますが、太陽を目安に走ります。

東海道を何回かに分けてご夫婦で踏破した方、四国遍路をなさった方、歩く会で全国を飛び回っておられる方、歩くということではすごい方々がいらっしゃいますが、まずは「家の近く」「駅一つ、二つ先の隣まち」「テーマのあるまち歩き」、それぞれに「狙い」をつけて始めることがいいのではないでしょうか。

第五章　新しい仲間

小学生の気持ちで

子供と老人は似ている、でも当たり前ですが大きく違うところもあると言われています。どちらも弱いところがあり、社会的に守るべき存在ですが、子供は「子供」として「かわいく、元気で、遊び好きで」と同じようにとらえられるのに対して、老人はそれまで生きてきた違いが出るということです。経済面、健康面そして精神面の違いです。

私は小学校は公立で、中学は受験をしました。ある意味、似たような仲間と一緒になったわけです。高校でさらに似たような範囲が小さくなり、大学は建築という専門で似た仲間と一緒に過ごすことになりました。会社はそれまでとかなり違った集団でしたが、時間が経つにつれ「我が社では」という仲間の一員にどっぷりと浸りました。会社の外での活動が多い方もいたのでしょうが、私は公私にわたり会社人間だったようです。小さな社会とその周りで過ごしていました。

六十歳を過ぎて、少し「我が社」の外に顔を出すようにしました。まず、ピア・カウンセリングの勉強会に参加しました。ある団体がやっている高齢者のための活動の一環でしたから、参加者は同世代かそれより上の年齢の方々でした。毎回、十五名前後が、お話を聞き、その後ロールプレイをやります。二人一組で、一人がカウンセラー役、もう一人は相談に来る来談者です。ここで、同じような年代の女性の方々とお知り合いになりました。その後あるＮＰＯに参加し、また地元の小学校の体育館で行うスポーツ活動に参加しました。

同年代かそれより上の女性の方とお話しする経験はほとんどありませんでした。そして男性も会社生活ではお話したことがないようなさまざまな方と出会いました。正直、戸惑いました。落ち着きませんでした。居心地はあまり良くありませんでした。参加するのが億劫になったりもしました。そんな中である日ふと思い当たりました。これは「小学校に戻った」のだと。

思い出してみると小学生の頃はいろいろな仲間がいました。いじめっ子、弱虫、かわいい子、できる子、のんびり屋さん……。もちろんその半分は女の子です。そんな中で自分なりにその位置をつくっていたはずです。「あれだ」と思いました。小学校のときのように地のままでとはいきませんからある程度は自分のポジジョンを考えます。ただ、できるだけ自分を飾らずに、小学生の頃を思い出しながら接するようにしました。するとこれが結構楽しく、早く打ち解けられるようになりました。これまでとは違った新しい人たちと仲間になるためのイメージトレーニングといったところです。

まちでの自己紹介

仕事の上での自己紹介はたくさんやってきました。その順番が近づくと緊張はしますが、なんとかそつなくやってきました。仕事での自己紹介は、なんという会社で、その中でどういう立場か、この場やプロジェクトの中でどういう役割なのかをできるだけ簡単に話すということでした。簡単であればあるほど良いのです。

でも会社を離れた場での自己紹介は下手です。そこにいるメンバーに合わせて自分を簡潔に説明することがまだできません。少しでもその場にうまく合わせた自己紹介をしたいという欲がいけないのでしょう。何か自分を印象付けたいという邪な心もあるようです。ついつい長くなったり、聞いていらっしゃる方々の反応が読めず、居心地が悪くなったりしている自分を感じます。これではせっかくの機会が逆効果です。そして地域での自己紹介は必ずしも短いほうが良いというわけではないようです。その人がどんな人なのかという具体的な内容が入っていないと聞いているほうも困るのです。

カウンセリングの会で隣の人を紹介するというロールプレイがありました。五分間、隣の人の話を聞き、それを元にその方を紹介するのです。どうも私は「どこで生まれて、育って、どんな仕事をしてきて、いまどこに住んでいる」ということに重きを置いて自分を説明し、相手のことも聞いていることがわかりました。「好き嫌い、考え方、生き方」などは出てきません。長い会社人生の中で「立場、能力」ばかり見て、「気持ち、感情」をないがしろにしてきたということです。

カウンセリングのワークブックに「私は○○です」ということを二十個出すというのがありました。「男六十ン歳」「建設会社に勤めていた」「北陸金沢の出身」「住んでいるところは練馬」「子供の一人は障害児」などという文言が出てきます。でも二十個というのが狙いなのでしょう。半ばから簡単には出てきません。「お酒が好き」「スポーツが好き」「人の名前や顔を覚えるのが苦手」などの好き嫌いでも書かないと続かなくなりました。それでも気持ちや感情までは出てきません。

自己紹介を聞いて、その場でぜひお話ししてみたいと思う方がいます。立場などのお話の中に気持ちや感情が少し入っているようです。聞いていてその方の心の厚みが伝わってきます。これまでの生き様の結果なのでしょう。そんな自己紹介ができるようになりたいと心から思います。

人とつながるための工夫

人の顔や名前を覚えることが苦手です。会社のロビーで声をかけられ、「久しぶり……」などと言っているうちに相手に怪訝な顔をされ、「いけない、別の人と間違えていた」となったことが一度ならずあります。会社では誰でも「さん付け」でお呼びするようにしていましたが、肝心の名前が出てきません。相手の所属する部署を主語にしたり、主語のない話し方をしたりする羽目になってしまいます。お酒の席で、「いけない。また同じことを聞いてしまった」とうろたえることもよくありました。

そういう人間が定年を機に新しい人間関係を作ろうというわけです。地元で知り合う人はそれこそさまざまで、会社時代とは比べものにならない幅の広さです。特に女性は慣れていないので、覚えるのに苦労します。

会社にいたときのように「立場、役職」や「会社名、部署名」で代えることはできません。固有名詞をしっかり覚える努力が必要になります。会う人ごとに写真を撮らせていただいて覚える、ということも考えましたが、写真を撮らせていただく勇気がありません。新しいグループに参加すると一度に大勢の新しい方と知り合いになります。とても覚えられるものではありません。

そこでカードを作りました。Ｂ６判のカードです。学生時代はこれで論文を書いたことがある、思い出のカードです。新しく知り合い、これからもお付き合いしたい人のカードを一人ずつ作りました。名刺があればそこに貼ります。できればお顔の輪郭やメガネの様子を書き込みます。自分用ですから下手で似ていなくてもお構いなしです。その方には見せられませんが、「よくしゃべる」とか「にこやか」とか「○○さんに似ている」といった印象を書き込みます。私自身ならさしずめ「はげ、面長」と書き込みます。そして、お会いしたあとその方が話されたことをできるだけ思い出して書き込みます。車の話、スポーツの話、旅行の話。ずいぶんお話ししたはずなのに覚えていることは本当に少ないのですが、何でも書き込みます。そして次にお会いするときは、その前の日にカードに目を通します。だからといってお会いしたとき覚えている保障はないのですが、見ておきます。そして新しくお聞きしたお話を追記していきます。

グループに新しく参加したときにはできるだけ名簿をいただきます。いただいた名簿の欄外に同じように書き込みます。これもグループのメンバーにはお見せできませんから「取扱注意」です。まだＩＮＧですが、これでダメなら、壁の華よろしく口数を少なくするしかなさそうです。

困った世代？　それともパワフル世代？

「団塊の世代はダメよ」とある財団で長年活動をしているTさんが言います。「どういうところがダメなの？」と聞くと、「こちらが話している途中で発言し、自分の考え方を先に言う」「彼らは自分のやりたいことしかやらない。それも各人バラバラで」と手厳しい評価です。「女性も？」と聞くと、「男も女もそう」とにべもありません。「彼らはずっと生存競争してきたので自分意識が強いのよ。そのためにコミュニケーションする力が低いんじゃないかしら」というご託宣でした。

ある新聞の特集で、シニアが地域活動に加わるためには「紳士力」が必要だと書かれていました。いわく「違う意見に耳を傾け、否定しない」「他人に指示したり、演説したりしない」「プロセスを大事にする」などなど。特に「くだらないと思われる話もすべて聞く」「みんなでやるスタイルに慣れる」「謙虚に、結論を急がずに」というのが受け入れられるうえで大切なことと書かれていました。Tさんの言う通りだと団塊の世代は全部ダメです。みんながみんなではないでしょうが、団塊の世代は地域ではまったく「困った世代」になってしまいそうです。

確かにそういう団塊の世代はこれまでの地域活動には向かないかもしれません。しかし誤解を恐れずに言えば、これまでの「仲良しクラブ」的な地域活動の裏面には、お互いを尊重するという中で、それこそ困った人の意見を大事にし、話がなかなか進まず、結局これまでと同じか似たような活動しかできないという面があるのではないでしょうか。団塊の世代が同じ価値観を持った仲間で集まり、お互いの意見を率直に交わし、それを行動力に変えることができれば、これまでとは違った地域での活動が生まれると考えられます。

しかも、それは地域を越える力も持ちそうです。もっとプロフェッショナルでもっと経済性を追求した、コミュニティビジネスのような、ダイナミックな活動が生まれ育つのではないでしょうか。大学紛争の「現状否定」から始まった力は、それまでの価値観や仕組みやらを根本から変えるということにチャレンジしたいのではないでしょうか。会社ではどちらかというと妥協を余儀なくされたことが多かったかもしれませんが、その枠から離れた世界ではさまざまな可能性がありそうです。

私自身は団塊の少し前の世代ですが、気分的には彼らの大きな波のさきがけを担ってきたという感覚を持っています。「そういう感覚」からすると、早く彼らが会社から卒業して地域などに入って活動してほしいと心待ちにしています。

一所でなく二所、三所

失敗しました。

ある会で、ある問題で、あることを、ことさら重大視してしまい、周りが困ったようです。「これは問題です」というメールを送ったのですが、反応がありません。そこで気がつけば良かったのですが、「まだわかっていない」と、さらなるメールを送ったのです。ようやく一人の方から「もっと軽く考えたらどうでしょう」という連絡をもらい、そこで初めて一人相撲をしていることに気がつきました。


趣味のグループやボランティアのグループ内部で、意見が合わず離散集合してしまうことは、必ずしも珍しくないようです。どうやら私がやったように、「一所懸命」に、まさしくひと所で、懸命に、まじめにやりすぎるため、少しの違いが許せなくなるようです。会社ではそれぞれの役割責任が明確ですから分裂しませんが、趣味やボランティアのグループはそういうタガがありません。

仕切り屋さんという存在もあるようです。カラオケで歌う順を決めたり、スポーツでの練習の進め方をコントロールしたりしています。ご本人はみんなのためを思っての行動なのでしょうが、「そこまでしなくて良いんじゃない」と心の中で思う人もいるようです。でもてまあ面倒見がいいからとか、上手だからということで許しているのですが、何かのことで「許せなく」なってしまうのです。

深刻な話もあります。老人ホームです。特に男性の入居者の中で、ホームの中を、その社会を仕切りたがる人が出てくることがあるそうです。なんだか想像できます。老人ホームは高額なお金を出して入っているわけですから、「俺や一めた」とはいきません。会社の話もしたくない上司でも、それは会社にいるときだけです。老人ホームは四六時中、死ぬまでの付き合いです。

「人、三人集まれば」と言います。どんなグループであれ、なんらかの「パワーバランス」があるのは否めません。

「一所」にしないことがいいかもしれません。「二所」「三所」とあれば、心に余裕ができて、「許せる範囲」が広がるはずです。なんのために「その場」に参加しているのか、仲間づくりか、何かを実現したいためなのか、いろいろあるでしょう。その中で、「軽やかに」考え、行動していくことが気持ちもいいし、自分自身の成長につながる、と考えたいものです。

地域の人事評価

会社には人事評価制度があります。そこでは自己評価や上司の面談の形で自分自身を客観的に見ることが要求されます。仕事の業績評価が主ですが、人間性なども見られます。

評価は小学校のときのように段階で評価するところが多いようです。管理職は五段階評価の場合、「平均は三・五」とか「五は何パーセント、四は何パーセント」という範囲で部下を評価するよう求められます。この上司がつけたものに比べると、部下が自分でつける自己評価は一段階高いということです。この評価の差を理解してもらうために会社ではさまざまな工夫をし、面談などで説得しようとします。部下は納得できず、不満が残りますが、最後は「この次はちゃんと見るから」などと言われたりしてあきらめます。

人事評価とは別に自己啓発や組織開発をテーマにした社内研修では、外部講師から結構厳しい指導を受けます。ワークショップスタイルもあり、グループのメンバーから思いもかけない指摘を受けることがあります。チャートや何かで自分の性格や能力を確認させられ、発表させられます。終わって職場に戻ると元の木阿弥のことが多いのですが、それでも一時的にでも自分を客観的に見ることが要求されていました。

会社を離れれば、こうした客観評価からは解放されます。そして自分のことを正当に評価してくれない、いやな上司はもういません。

これがどうも問題のようです。そこには「客観的な評価を体系的に行う仕組み」はありません。そして、面と向かっては評価したり忠告したりしてくれる人はいなくなります。せいぜい奥様に言われるくらいですが、これはいつものことですから身につきません。

何より、会社では少しぐらい人間ができていなくとも、仕事ができれば評価はされますが、新しい場ではそんなことはありません。

「自然体でいくしかない」と考えていますが、「自己評価は高い」そして「人間性を見られる」ということは自覚したいものです。正直に言いますとこれまでいくつかのグループで会議のようなものに参加し、何回か「浮いている」ことを感じました。どうも会社時代のくせで、自分で話を先に進めたがるようです。「困った人」予備軍です。

「どの世界にも困った人はいます。その扱いがコミュニティによって違うだけです。それを気にする度合いが少なくて済むのが提年期でしょう。困った人になりきる開き直りも老人の特権だと思います」というご意見もいただきましたが……。

達人たち

勤めていた会社にはその人の判断を参考にしたい、という人がいました。何かのときに、「Aさんならこのことをどう判断するだろう」と想像していました。そしてBさん、Cさん、何人かの方を思い浮かべ、それらを考えながら自分の判断をしていました。そのときの自分の判断に近い方だけ思い浮かべ自分を正当化するというご都合主義もあったかもしれません。いずれにしろ、そういう方々とめぐり合ったということは、私の会社人生では幸せなことでした。

新しい生活はまだ駆け出しですが、それでもいろいろな素敵な方にお会いすることがあります。それほどお付き合いは長くも深くもないので軽々しくご紹介するのは失礼ですが、それをお許しいただいてご紹介します。

カウンセリングの勉強会で知り合ったAさんは現役時代からボーカルのグループをつくられて、いまも活動していらっしゃる方です。いつも闊達で、ケレンミのないご様子には、お話しするだけで元気が出ます。本当に楽しそうなのです。七十歳近いというのに、飲みすぎて終電に間に合わず、仲間の方の家に泊まるというお話をうれしそうになさいます。そして見た目も大変スマートです。

同じ会で知り合ったBさんはご自分で経営研究会と料理教室を主宰していらっしゃいます。退職して経営研究会を主宰などというと、凄腕のコンサルタント風の人を思い浮かべますが、さにあらず、とても気さくな方です。現役時代に関わりのあった中小企業の若手経営者の方々がBさんを定年後も放っておかず、私的な勉強会を続けてほしいと言われたそうです。何かを教えると言うことではなく、一緒に見学したり、話し合ったりする場や機会を提供するというスタンスに見えます。料理教室は月に五回もやっていらっしゃって、「同じものを五回食べなきゃいけないよ」と、本当に楽しそうにおっしゃいます。

ＮＰＯの理事長のＣさんは周りの方への対応も大変丁寧な、上品、そしてお洒落なご婦人です。それなのに段取りや作業的なことは率先しておやりになります。メールでの対応などもビジネスで鍛えられたような的確さです。どこにこのＮＰＯを引っ張っていらっしゃるエネルギーがあるかと驚きます。どういうふうにお育ちになったのかと興味が湧きます。

Ａさん、Ｂさん、そして他の達人の方に共通しているのは、無理せず、人間関係づくりがとてもソフトだということです。達人たちのそばにいて、その感性、楽しさに触れ、「門前の小僧」よろしく見習います。

第六章　提年力

聴く力

まだ会社にいたときに、「西さんは話を聞かない！」と言われました。私が「彼は他人の話を聞かない」と日頃思っていたT部長からです。「あなたにはそんなこと言われたくないよ」という気持ちになりました。その彼が言うのです。「どこが？」と聞くと、「西さんはすぐ『わかった』というけど、それは『もういい。もう話は聞く気はない』という意味だ」と言うのです。……。考えさせられました。女房にその話をすると、「何をいまさら」という反応が返ってきました。私は他人の話を聞くのが下手なのだと気がつきました。

会社を離れると地域の人など、新しい方と付き合いを始めなければならないのに、他人の話を聞けないと仲間に入れてはもらえません。大変です。聞く能力をつけようと思いました。ところが「話し方教室」はいろいろあるのですが、「聞き方教室」というのはほとんどないのです。

創立に関わったある高齢者向けの団体があります。その案内に「ピア・カウンセリングを学ぶ会」という活動があることに気がつきました。調べてみると「傾聴法」という考え方がベースで、相手の話を聴いて、気持ちの整理をお手伝いする方法のようです。これに参加しようと決めました。

途中参加でしたから、初めて参加するときには正直勇気がいりました。どんな人たちが集まっているのか想像がつきません。ある区の体育館の会議室に出向きました。少し早めに行ったのですが、ドアの中では既に何人かの方が親しげにお話中でした。思わず帰ろうかなという気にもなりましたが、まさに「案ずるより産むが易し」でした。先生はピア・カウンセリングの本も出されているやさしそうな方で、生徒は十五名くらいでした。ちょうど同じ日から新しく参加した人がほかに二名いたこともあり、なんとか入り込めました。実際に対話を行うロールプレーには、恥ずかしさもあり慣れるまで時間はかかりましたが、それもなんとか人並みにはできるようになりました。

月一回の勉強会を続けるうちにカウンセリングについての興味が湧いてきました。聴き方に重点を置いたロジャースというカウンセラーのことも知りました。ＮＨＫの通信講座でセルフカウンセリングもやってみました。そんな中で、毎日の生活でこれまでいかに他人の話を聞こうとしていなかったか気づきました。

女房に言わせると「なんにも効果が出ていない」と言うのですが、自分では少しは「聴く力」がついたと感じています。何より「自分は聞くのが下手だから、他人の話は注意して聞こう」という思いを持つことが肝心なのでしょう。

話す力

会社では誰とどんな話をしていましたか。仕事、役割によってさまざまでしょう。説明、売り込み、説得、言い訳、無駄話、いろいろな話をしてきました。意識する、しないはあっても、その中で人それぞれの話し方を作り上げてきたのでしょう。話が長い、わかりにくい、声が大きい、小さい、いろいろ言われたかもしれませんがそれが自分流です。それでやってきたのです。私自身は聞くのは下手だったようですが、どちらかというと話すのは嫌いではありませんでした。そういう思いの方は多いのではないでしょうか。

家にいる時間が長くなって、話し相手が限られてきました。まず女房と子供です。相手だってそんなに付き合ってくれるわけではありませんが、家族の会話が増えるのはそれはそれで良いことです。まだ「あなたは一方的に自分の言いたいことをしゃべるだけ」と言われていますが、そのうちうまく「会話」ができるようになるでしょう。

ＮＰＯや地域の団体で話す機会も少しはあるのですが、会議のような形式が多く、新参者は少し控えめがいいと心がけています。酒の席はともかく、しらふでは一対一や少人数での会話、特に折衝ごとはなくなりました。

そんな中で、ある日、自分の話す力が落ちているのではないかと感じ始めました。話している最中に、あまり論理的に話していないと気づき、落ち着かない気持ちになったのです。もっと違った言い方、話の進め方がありそうな気がして、ますます話が変になってきます。相手は黙って聞いてくれているのですが、「自分はもっとわかりやすくしゃべられるんです。こんなのを私と思わないでください」という思いがよぎります。

さらに悪いことに、話しながら自分の考えを整理したり、その考えを進めたりするということができなくなりました。話し相手に応じて話題を展開しながら、その考え方の新しい切り口や方向を見つけていく、ないしは見つかるということがあります。聞いているほうは迷惑かもしれませんが、話すということの大切な役割だと思っています。話す力が落ちるということはこうした思考力や発想力も低下してくるということになります。

「もう合理的に話すなんて考えなくていいよ。気持ち中心で、ゆるゆると話したほうが良いよ」とも思うのですが、まだその悟りの域には達していません。話し方が後退してくると、なんだか行動の方もそうなってくるようで恐ろしくもあります。しばらくは「悟る」前にそういうぐあいに話ができる場が欲しいと思います。

耐える力

住んでいる地域の社会保険事務所に行ってきました。どうせ混んでいるだろうと覚悟はしていたのですが、思った通りたっぷり待つことになりました。

会社近くの社会保険事務所は来ている人のほとんどが定年近くのサラリーマンですから、その場の空気もなじみやすいものでした。ところが住んでいる地域の事務所はそれと違って、本当にさまざまな人が来ているようです。スペースが狭いため、待っている椅子と個別の応対をしているブースが近く、聞いてはいけないのでしょうが会話が聞こえてきます。これが大変なのです。ご主人が亡くなられ、年金のことを初めて聞かれる方や、職業を何回か変えたり辞めたりした方など、話の内容もさまざまです。もともと年金の話は難しくできているのに、相談に来られている方の説明力、理解力はあやふやです。話が年金以外に飛ぶこともあります。そして、ことがこれからのお金の話ですから聞くほうは当然こだわります。「大切な話」は延々と続きます。筋の通らない話、曖昧な話もあり、待たされている身には二時間を過ぎると、「そんな、早くしてよ」という思いが出てきます。

そのうち、ようやく次の人になります。私と同じようなつい最近までサラリーマンだったという感じの人です。明らかにイライラしていた様子で、それが言葉の端々から聞き取れます。自分も順番が回ってきたらそういうふうになりそうです。忍耐力が試されているのです。ちなみに、社会保険事務所の人のストレスは大変なものだろうと思います。

忍耐力が試されることはほかにもあります。まち中の診療所です。特に整形外科はリハビリテーションでマッサージなどを受ける高齢者で混みあいます。「これだけ時間があるから、これとこの用事を」と、次の予定や「つもり」を考えていると、イライラはますますつのります。

違った形で忍耐力を試されることもあります。年金の給付や保険などさまざまな書類が送られてきます。この記入も結構難題です。これまでは会社が代わりにやってくれていたものですが、いままでとは違ったタイプの書類に戸惑い、そして間違えます。「なんでこんなにわかりにくい書式なんだ」と、一人で腹を立ててしまいます。

忍耐力を試されることは会社にいたときもありました。会議、エライ人の自慢話、お客様のクレーム、そういう中で我慢する力を身につけたのかもしれません。しかし会社の外で試されるのはそれとは少し違うタイプの忍耐力です。きっと人間がもうひと回り大きくなるに違いないと期待しています。

ほめられる力、ほめる力

ある程度年を取ってからは、会社ではほめられることがなくなったように思います。ひょっとすると、ほめられているのに、気がつかなかっただけかもしれません。ほめられても、そんなにうれしく感じませんでしたし、どうしてそんなことをほめるのだろうかと、なんだかその裏を読んでいたかもしれません。

ところが定年になって新しいグループに参加すると、前からのメンバーにほめられるとうれしいのです。グループに認められたという気持ちがあるのでしょう。ちょっとしたことでもうれしくなります。お世辞かどうかなどとは考える余裕はありません。たとえば何かの会の後片づけで、「洗い物がお上手ですね」などと言われて、「こんなことで、ほめてもらって良いのかな」などと思いながらも、素直に喜びます。調子に乗って、あたりを水びたしにしてしまいます。

この本も「ほめられて」できあがりました。最初はホッチキスで止めた、十編ぐらいの文章でした。会社仲間の入院のお見舞いに贈ったのです。その人が面白がってくれたので、続編をやはり十編くらい書き上げ、何人かに配りました。そこでまたおだてられ、ついつい調子に乗ったのです。極め付けは、四十編くらい書いたとき、「妻にも読ませたけど、面白いし役に立つと言っていた」と言ってもらったことです。

そして、既に著作をお持ちの何人かの方が、「これは本になる。出版できる」とおっしゃり、実際に出版社に当たってくれたのです。最初は「ひょっとすると」くらいに思っていた私は、そのうち、「これは本にして、多くの方に読んでいただけるに違いない」と考え出したのです。「勘違いかな」とは思ったのですが、ちょうどそのとき、「勘違いが人生を拓く」という言葉に出会いました。「ほめられて、勘違いして」この本はできました。

私自身はほめるのが下手なようです。女房がそう言います。「批判はするけど」だそうです。これはいけないと、新しい仲間ではできるだけほめてみることにしました。「こんなことをほめるとかえって信用を失うかも」と思いながらでしたが、そんなことはありませんでした。素直に喜んでくださる方、それも心遣いの一つと「大人の理解」をしてくださる方、さまざまですが、お世辞が多い嫌な奴とは見られなかったようです。

ほめることはスキルではなく、ほめるほう、つまり私の心の持ちよう、品性に負うところが大きいようです。簡単ではなさそうですが、上手にほめることができるようになりたいと願っています。ほめる、ほめられるで、いい時間を過ごしたいものです。

自営する力

自営業が本来の働き方ではないかと思い始めています。大げさに言えば、働く中で人間形成をする、という意味では自営業が優れているのではないでしょうか。自らの甲斐性と責任で付加価値を生み出し、商品やサービスを作り、お客様や市場に提供する。品質に責任を持ち、その対価をきちんといただく。そんな中で人としての充実を図るというのは、もちろん大変厳しいことなのでしょうが、まさに「生き様」という気がします。世の中ほとんどの人がサラリーマン生活をおくることになってしまうのですが、どうなのでしょう。戦前は商店主や職人の人たちなど多くが自営で生業を立てていたのでしょうし、これからの若い人たちは独立して働く人が増えていくのかもしれません。

父親は自営業でした。戦争で東京での会社勤めを辞め、故郷に帰りました。当初は地元の会社に勤めたようですが、しばらくして独立しました。資本も地縁もなかった中で、なんと技術書の出版業を始めました。父は技術屋でしたので、最初は自分で書いて本にしたのだそうです。売れ残った『機械』という題名のざら紙の本がずいぶん長い間我が家に積まれていました。自分の家が仕事場でしたから子供たちは父親が働く姿を見て育ちました。

定年が近づくにつれ、自営業をやってみたいという思いが強まりました。「定年起業」

「身の丈起業」の本を開き、区が主催する「起業セミナー」などに参加しました。定年の翌月一番にしたことが税務署への「開業届」です。とにかく覚悟を形にしようとしました。

でも、「何を」がないので一向に先に進みません。会社では市場開発、商品開発や営業企画などの仕事でしたから、独立して何かやるというものがありません。定年までにしっかりスキルを身につけておくべきなのでしょうがあとの祭りです。会社の仲間には在職中に専門的な能力を身につけ、個人として認められている人もいますが、こちらは偉そうに能書きばかり言って手を動かさなかった報いなのでしょう。だいたいリスクを取れない身で起業しようというのが間違っているようです。

と言いながら、実はあきらめてはいません。「生涯現役」という言葉にも未練があります。お金にならなくても良いのです。「高齢になる中で、生活のうつわとして家や施設をどう選んでいくかという問題」の解決を助ける仕事です。アイデアはあるのですが、空論になってしまいがちです。

怠けていても誰も何も言いませんから、時間はどんどん経ちます。何か具体的に取りかかろうとしても、一人でできることはほとんどありません。でも、しばらく夢を追い続けようと思っています。

高齢者人口二倍の力

住んでいるまちの中にも、繁華街にも、高齢者の方を数多くお見かけします。若者と見まがうばかりの方もいらっしゃいますし、杖をつきながらの方も結構いらっしゃいます。住宅地では車椅子の方も目につくようになりました。高齢化が進んでいると実感します。

団塊の世代が後期高齢者になる頃は、多いところではその数はいまの倍近くになるといいます。だとすると、いまの目の前の光景はどうなるのでしょう。倍ということは、電車で乗り合わせている元気なハイキング姿のグループがもう一グループできるということです。街角で見る会社のＯＢ会の待ち合わせらしい集団がもう一つあるということです。図書館の常連席の人たちも、驚くほど盛んな高齢者向けの水泳教室の参加者も、いまの倍になるということです。

この、目の前の高齢者の隣に、同じような方がもう一人いる、同じようなグループがもう一グループあるという想像はいろんな示唆を与えてくれます。

住宅地は高齢者が主役になります。まあまあ元気で時間のある人たちが、それこそ闊歩しているのです。それはそれで賑やかになり、面白そうです。観光地は週末以外もそこそこの人出になるかもしれません。

その分、診療所はいまの倍の時間を待つことになります。プールや図書館はいっぱいになってしまいそうです。老人会の囲碁将棋の部屋はどう考えても希望者全員が入りそうにありません。そういう場所はどこもいまよりは居心地が悪くなり、それに満足できない人が大勢出てくるだろうなと想像できます。

そういうふうに想像してみると、そのときには高齢者が高齢者をサポートすることを含め、いまとは違った社会のシーンがありそうです。決して悲観的にではなく、会社風に言うとビジネスチャンスとも言うべき、さまざまな面白い展開が予想できます。

新聞などで「超高齢化社会が間近」と右肩上がりのグラフなどを目にすることがありますが、あまり実感は湧きません。しかし目の前の高齢者が二倍もいるという光景を想像すると、これはかなりの変化と驚きです。その感じが活かせないでしょうか。高齢者が自ら考え、工夫する、面白い高齢社会を作れると思えるのです。

そのためには会社の中で考えたように、一人一人が高齢社会の中で自分の可能性や役割を考える必要がありそうです。

クレームをつける力

「キレる老人」ということが一時期ずいぶん話題になりました。これが他人事《ひとごと》ではないのです。私はもともと気が短いほうのようです。「ようです」というのは、会社人生の中では「気が短い」ということは、エライ人は別ですが、普通は仕事に支障を来すからです。そのため長く自分の中で抑えていたのでしょう。ところが会社から離れると、本性が出てしまうのです。ヒマになって、それまで気づかなかったことに目がいってしまうこともあり、いろいろなことに腹が立ってしまいます。「なんでこうなの」ということが多いのです。そして我慢する力が落ちています。

最近ではサッシュのクレセントが壊れた件でした。がたつくようになったので外して中を見てみました。小さなとても細いバネが入っていて、それが留めのところで切れていました。簡単に取り替えられそうでしたので、メーカーのホームページで部品リストをチェックすると、クレセントそのものはあるようですが、バネがないのです。もしやと思い部品センターに電話しました。普通こうした電話はなかなかつながらないことが多いのですが、このメーカーはすぐにつながりました。でも「バネだけでは売らない」の一点張りです。最初は女性、次に男性が応対に出てきましたが答えは同じです。上司の折り返しの電話では

「クレセントの商品見本の余りがあるのでそれでも良ければ」と言われました。こちらはそんなふうに受け止められたことも心外で「簡単に取り替えられるバネだけを出さないということは、クレセント全体の商品寿命とこの細いバネが同じ程度の耐久性があるということになるが、その根拠を示してほしい」と言い張ります。

私たちの世代は「悪さの発見とその改善」という品質管理でもまれたQC世代です。そして会社経験が多いだけにその対応にうるさいのです。先輩の中にはクレームから始まって、「御社のマーケティング活動はおかしい」と注文をつけた方もいらっしゃいます。

昔、住宅部門で商品企画を担当していたことがあります。住宅はクレーム産業と言われていた時代です。お客様からおしかりをいただくことがありました。普通は現場で対応するのですが、ご理解いただけず、「本社の人間を出せ」となって、恐る恐る伺ったことがあります。そして直接お聞きしてみるといちいちごもっともなお話でした。

高齢化の時代は、消費者に直接商品やサービスを提供する企業はこれまで以上にしっかり対応を考える必要があるかもしれません。そして、それは商品の競争力を高める大きな機会と言えないでしょうか。

目利きする力

初めて「老い」を意識したのがなんだったか定かではありませんが、その一つはスーパーの薄いビニール袋がなかなか開けられなかったことでした。生ものなどを入れるあの小さな袋です。ぴったりくっついていて二枚に分かれないのです。女房に話すと「それは年よ。年をとってくると手の油気がなくなってビニールが指にくっつかないのよ」とあっさり言われました。正直驚きました。そういうところに年が出てくるとは思ってもみませんでした。頭がはげたり歯がダメになったり、近くが見えなくなっても、そんなこともあるなという感じでしたが、この話は予想外だったため、いよいよ私も高齢者の仲間入りかという気持ちになりました。そのうちに紙パック入りの牛乳が力を入れなければ開かなくなり、ボタンダウンシャツの小さなボタンを入れるのがすっとできなくなり、道を歩いていて靴が引っかかるようになりました。いよいよ「体力」が落ちてきたと認めざるを得ません。

テレビの番組で「食のバリアフリー」と聞いて初めはなんのことかと思いました。見てみると食べ物容器や調理器具を高齢者や障害者にも使いやすいように工夫するという話です。ペットボトルのキャップなどをどうしたら開けやすくできるかということについて、高齢者のグループが試験をし、メーカーの開発担当者がキャップのギザギザを改良するという内容です。手が痛くなく、かつ小さな力で開くキャップのデザインが紹介されていました。そして、そこに登場した高齢者は女性だけでした。

食ばかりでなく、住まいなどについても以前から高齢者にやさしいあり方についてさまざまな検討や提案がされています。ただ、そのほとんどが女性によるものです。書店に行けばその手の本がたくさん出ていますがその著者もほとんどが女性です。女性のほうが日常の生活や高齢者の生活に関わることが多いことを考えると当然という気になりますが、それにしても高齢者のニーズを汲み上げる、提案するという場面で男性の影がこんなに薄いのはどうなのでしょうか。

私たちはこれまで会社の中でさまざまな開発改良をしてきました。それぞれの分野で商品やサービスのあり方について考え、工夫してきました。それは会社の中からの視点であり活動でしたが、相応の知識とセンスを磨いてきたはずです。

医療施設の設計者は自身が病気なって入院して初めて気がついたことが多いと言っていました。私たちもいよいよ高齢者の仲間入りだとすれば、日々の生活の中での不便や疑問に我慢などせず積極的に気づき、提案してはどうでしょうか。大げさに言えば、それが私たちにできる一番の社会や産業への貢献のような気がします。

第七章　自分を見直す

顔に責任を持てと言うけれど

世の中には恐ろしい言葉がいくつもありますが、私にとっては「人はン十歳を越えると自分の顔に責任を持たなければならない」という言葉がその一つです。

ある時期から、地下鉄の電車の窓ガラスに映る自分の顔が、なんだか知らない他人の顔のように見えてきました。かなり若いときから髪がなくなりだし、四十過ぎのときに、新しく移ってきた上司に「定年間近」と見られたくらいです。かなり特別なケースなのでしょうが、髪だけではないのです。地下鉄の中の光は顔に陰をつくり、人を老けさせてしまいますが、それにしても目や口の周りのたるみ、おでこの深いしわ、これに責任は持てないというのが率直な気持ちでした。

それなのに、「積極的な老化」にまで取り組んでしまいました。

まだ会社にいた頃、定年でお辞めになった先輩に会って、つらい思いをしたことが何度かあります。その方の顔がすっかり変わっているのです。先輩方はダイエットの成果を自慢なさっていました。会社にいた頃の飲んだり食ったりの反省もあったのでしょう。ところが顔も一気に老けてしまうのです。痛々しい感じでした。

同じことを自分もやってしまいました。もともとコレステロール値が高く動脈硬化も進んでいることに加えて、ここにきて血圧も上がりだしたのです。六十代の男性の認知症となる一番の原因は脳梗塞によるものだそうです。これはいけないと運動とダイエットに取り組みました。泳いだり、テレビでスロージョギングなるものがいいというので試したり、そして食べるほうは酒と甘いものを天秤にかけ、甘いものを止めました。女房には「意外と意志が固いのね」と言われながら、半年で体重は五パーセント、ウエストは六センチ減りました。特にウエストが減ったのは生まれて初めてのことです。鏡に映った体形を見て、まんざらでもありませんでした。

当然ですが、顔も痩せました。そして、たるみました。気が緩んだため少しリバウンドしたのですが、お腹周りだけ大きくなり、顔のほうは痩せたままです。なぜか血圧は下がりませんでした。残ったのは、合わなくなった洋服でさらに強調された「みすぼらしさ」ばかりです。

いまは地下鉄の窓ガラスは見ないようにしています。できれば体形はこのままで、顔にもう少しツヤが欲しいと思います。このままでは「老化防止」の怪しげな広告の餌食になりそうです。

老眼鏡を買い換える

私は普通の人より老化が早いのではないかと疑うことがあります。なんといっても頭髪の劣化、喪失が大きいのですが、それ以外にも顔のしわ、歯や目の衰えが早いようです。「若いうちに老けて見える人は、年をとっても変わらないし、かえって若く見えるようになる」という甘言を聞き期待していたのですが、そういうことはなさそうで、それはそれで老いが進行しています。

目は子供のときからとても良いほうで、視力検査が好きでした。大学入試は階段教室で受けたのですが、左右斜め前の答案が見え、私を含めて三者三様の答えに困った覚えがあります。そういうわけですから、老眼が早く始まるだろうと覚悟はしていました。

初めて老眼鏡をかけてみたときにはとても感激しました。ぼんやりとしか見えていなかった視界が、とてもクリアにはっきり見えてくるのです。老眼鏡を使わなければいけなくなった悲しさはあまりなく、その効果とメガネをかけるという、なんとはなしの気取った感じが気に入りました。

最初のうちは社内販売の特別セールや同じビルにあったメガネチェーン店で作りました。フレームとレンズをそれぞれ注文するものです。

そのうち通勤の乗換駅の構内で老眼鏡の安売りをしているのに気がつきました。度が進むのが早いのか、前に買ったものが意外に早く合わなくなりましたから、値段につられて買ってみました。これが値段は二十分の一なのに、効果は同じなのです。というわけでしばらくは駅構内の仮設の店で買っていました。

そして定年後のまち歩きで、、繁華街のはずれに空き店舗を利用したメガネ屋さんを見つけました。検眼の機械も置いたしっかりした感じです。ところがそこでは駅構内よりずっと気の利いたメガネがより安く売っているのです。驚きました。安いのを幸い、いま使っている度数より二段階強い老眼鏡も買いました。細かな作業をするとき、老眼鏡を二つ重ねる羽目になっていて、本当に年寄りくさくなっていたのです。ン百円なら惜しくありません。

いまはもう老眼鏡は必需品です。これがないと買った服が合わなかったり、レジで思わぬ金額を請求されて恥ずかしい思いをしたり、あわてたりする羽目になります。安く買えるのを幸い、「傘とメガネは値段に関係なく、あるかないかが何より大切」と家のあちこちにメガネを置いています。忘れたときの備えに、度の合わなくなった古いメガネをカバンに入れておくという知恵もつきました。

歯が一番大切

身体の老化は「歯・目・〇〇」からと言います(〇〇はご想像の通りです)。両親はいまの私の年で総入れ歯でした。昔の時代ですから「オーラルケア」などという言葉もなく、悪くなった歯はすぐに抜いてしまったのでしょう。歯磨きも朝起きてすぐの一回だけでした。入れ歯を取ったときの父の顔が一気に老人っぽくなっていたのを思い出します。かく言う私も部分入れ歯があり、「八十歳で二十本」の歯を残そうという世の目標達成は難しい状況です。

会社で食事のあと、歯を磨いている若い人たちには頭が下がりました。「えらいよね。年とったら何がって、歯の丈夫なのが一番」などと、自分のことを棚にあげて声をかけていました。私自身はトイレのそばの洗面所で歯を磨くということがどうも苦手でしたから、せいぜい口をすすぐ程度でした。

自宅にいる日が多くなって、三食、食後の歯磨きができるようになりました。元から「道具」が好きなので、ブラシだけでも普通のもの、歯茎用のもの、歯の間のカス取り用のもの、そして歯間ブラシや水が勢いよく出てくる水流式のものまで、カタログなどで目にしたものをそろえました。ただ、丁寧に歯を磨くという「しつけ」ができていないものですから、すぐに挫折してしまいます。道具ばかりが洗面所に並び、女房には冷たい目で見られています。

できていないのにこういう言い方は変ですが、これから一番大事なのは、とにかく「歯」だとは思っています。ただ、歯を磨く段になるとなんとなく気がせいて、短時間で済ませてしまいます。一本一本歯や歯茎を丁寧に磨いていくということができていません。新聞を読みながら、テレビを見ながらとも思うのですが、新聞や周りを汚してしまうことも気になります。「歯磨き用」の汚れてもいい雑誌か本を用意して、歯を磨くときにそれを読みながらにしようかといま考えています。昔、プロ野球の某有名ピッチャーが趣味を聞かれて「歯磨き」と答えていましたが、そこまではともかく、好きになりたいものです。

先日、健康住宅の講演を聴いていましたら、某大学の先生が、「内科のかかりつけ医を持っている人は短命、歯科のかかりつけ医を持っている人は長命」とのご託宣がありました。いつも内科にかかっている人は持病のある方が多いでしょうから、かかっていない人より短命なのは当たり前のような気がしますが、歯科云々は当を得ているのではと納得しました。有言実行、この文章を書いた以上はしっかりやる、……つもりです。

テレビで病になる

端から尾籠な話で恐縮ですが、昔からトイレが近いほうです。特にお酒を飲むとやたらと近くなります。新入社員のときの上司が「酒を飲んだときは一度トイレに行ったあとは、二十分ごとに行くのがいい」とおっしゃるので、それでいいんだと長い間思っていました。

ある時期から前立腺ガンが話題になりだし、トイレの近い私は飲み仲間から「調べたほうがいいよ」と忠告されました。それは大変だと検査を受けましたが数値は正常でした。

ところが最近新しい病名が目につきました。「過活動膀胱」というのです。某大手製薬会社が新しい薬の治験者を募集していました。募集のパンフレットにチェックリストがあります。もしかして、と思いながらやってみると、見事に「該当者」でした。ますます気になってインターネットで調べてみますと、新しいどころか、「過活動膀胱」についての情報がいろいろ出ています。これがなんと私の昔からの症状にぴったりです。私は正常ではなく、病かもしれないのです。

ＮＨＫ教育テレビは昼過ぎから高齢者向けの医療番組をやっています。この時間帯は「正視に耐える」番組が少ないので、テレビのチャンネルがそこに落ち着きます。一週間ごとにある病気についての「病気の概要」「治療法」「Ｑ＆Ａ」が放送されます。高血圧や糖尿病などなじみのある病名の中、ときどき聞いたこともない病名が出てきます。この前は「未破裂脳動脈瘤」というものです。コレステロール値の高い私は凝視しました。それは脳の血管が膨れだしていて破裂しやすい状態になっているにもかかわらず、自覚症状はないということです。その診断を受けた方の中には心配で日常生活に支障を来す方もいるということでした。知ったほうが良いのか、知らないほうが良いのかと思います。

ロコモーションシンドロームというのもありました。これはポピュラーな病のようで、筋肉が弱くなってくると関節部分の軟骨などが磨り減り、腰痛などを引き起こすということです。そういう症状は以前から聞いてはいましたが、ロコモーションシンドロームという言い方は初耳でしたから、最初はなんのことかと聞き耳を立てました。

この年ですから話に出てくる症状の多くは「思い当たる」ものばかりです。このままでいくと「病」がどんどん増えそうです。知らなければそれで済んでいたものが「病」になります。民放の昼の番組は高齢者がターゲットになっているので、さまざまな病や症状を次から次へとアナウンスし、その予防や症状改善のための健康食品を教えてくれます。そう言われてみると思い当たることがいろいろあります。「病」になり、お金も出ていきます。昼のテレビはあまり見ないほうが良いのかもしれません。

自分なりの健康法

七十歳になる記念の同窓会に向けて「私の健康法」というテーマで各人から事前に原稿を募って冊子を作る、と大学の先輩がおっしゃいます。「健康法？　なんだか年寄りくさいですね」と思わず言ってしまいましたが、「そうか、もうすぐそういう年か」ということに気づきました。

一度だけ「健康法」らしきことをやったことがあります。「断食」です。私のお世話になった会社は入社から定年までに三回、一週間の節目休暇をくれます。最後の休暇は五十代のなかばで、定年に向けて何かやりなさいという主旨です。多くの方はご夫婦で旅行などなさるのですが、私は淡路島で断食をやりました。一度、体の中を掃除しておきたいと考えたのです。一週間は一番短いメニューでしたが排便（失礼）の様子からお腹が一度空になったことが確認できました。同時に呼吸法の練習もやりましたから、それからしばらくその余韻で「健康的な生活」を送っていましたが、半年ほどで元に戻ってしまいました。

六十を過ぎて身近にガンなどの大病をなさる方が出てきました。手術などで大変だったご様子ですが、皆さんその後はすっかりお元気で、以前と変わらない生活をなさっています。ただ、お話を伺うと、どの方もそれぞれの健康法をお持ちになっているようです。その中で一番納得できた方法が「笑う、悩まない」という「健康法」です。そうすることで免疫力が上がるかどうかは別にして、日々の生活で心身ともに健康でいられます。この本などはそういうことからすると、どうでもよさそうなことに言及し、「不健康の勧め」ではないかというお咎めを受けそうです。

「健康法＝スポーツ、体操」という考えをずっと持っていました。体を動かして汗をかけばより健康でいられる、という思い込みをしていたのです。理髪店で「汗をたくさんかけば加齢臭はない」と言われ、ますますその意を強くしました。ただ、会社時代には冷や汗はよくかきましたが、熱い汗は四十代以降、めったにかくことがありませんでした。

いま、私が考えている健康法は「汗、笑い、内臓」です。汗と笑いはご理解いただけるでしょう。「内臓」は目には見えませんし、よほどのことがない限り自覚症状はありません。でも、私のために一番頑張っているものです。そこで内臓を意識して、「いま、どういうふうに動いているんだろうか、気持ちがあるとすればどんなだろうか」と想像力をたくましくすることを始めています。

新しいスポーツを楽しむ

体力はありませんでしたが器用なほうでした。長距離走、跳び箱、鉄棒は苦手でしたが、ボールを扱うのは得意でした。入った大学はなぜか運動音痴が多く、体育の時間では優越感を味わいました。その頃流行っていたボーリングでは二〇〇点を超えたこともありましたから、自分はスポーツが得意なんだと思い込みました。

会社では最初は技術開発部門にいました。休日はちゃんと取れますし、土曜日は半ドンでした。建設会社では大変恵まれた部署です。春と秋はテニス、冬はスキー、夏は「夏だけヨット部員」です。特にテニスは会社の対外試合に出るまで腕を上げました。世はテニスとスキーの全盛時代、その只中でミーハーをやっていたわけです。

入社十年ほどで住宅の商品開発部門に移り、それなりに忙しくなりました。その後、遅い結婚、さらに営業企画部門への移動と子供の誕生などが続き、スポーツとはすっかり縁遠い三十年近くが過ぎました。そして迎えた定年。時間ができました。

テニスをまた始めたらと周りは言います。ただ当人はもう一つその気になりません。昔得意だったことを改めて始めても、体力が落ちている分、「できたことができなくなっている」ことを確かめるだけのような気がしたからです。昔以上に上手になるなど考えられません。何か新しいスポーツを始めて「上達する喜び」を感じたいと思いました。

高齢者向けのニュースポーツは花盛りですが、なんとなく「ゲートボールっぽい」印象がぬぐえません。年寄りがみんなで仲良くという雰囲気です。そんな中、地元の区報で「ラケットテニス」（世界的にはショートテニスというようです）の初心者教室の記事に目がとまりました。バドミントンコートでスポンジボールをテニスのように打ち合うスポーツです。ラケットは子供用のものですが、ルールはテニスと同じ、これなら「上達する喜び」「競技する面白さ」を得られるとさっそく飛びつきました。高齢者向けといってもかなり運動量があり、テクニックも必要です。マイナースポーツですからうまくすれば大会に出られるかもしれません。

ソフトボールでは走者用と守備用のベースが分かれた、シニア向けのルールが作られているそうです。ゴルフやバレーボールなどでもシニア版が考えられています。八十歳を超えても「競技」を楽しめるいい時代です。昔を思い出しながら、「新しいスポーツ」を楽しまれてはいかがでしょうか。

体操にある三つの目的

「スポーツ」と「体操」とは違うもののようにずっと感じてきました。「スポーツ」はどちらかというと楽しみ、遊びに近い感じで、「体操」は訓練、鍛えるという感じです。

会社に入ったあとは、「スポーツ」はやりましたが、「体操」的なものはほとんどやっていませんでした。でも五十を過ぎて、身体のあちこちにガタがきだしたので、「体操」をしようと考えました。

雑誌や新聞にはよく「体操」の記事が出ています。肩こりに効く、腰痛に効果がある、お腹がスマートになる、などです。やり方でも棒を使う、タオルを使う、少し本格的にダンベルを使う、などさまざまな体操法が紹介されています。その他にも太極拳やヨガ、○○法などという体操法もあります。嫌いではありませんからいろいろ試してみましたが、どれも長くは続きませんでした。試したものを全部やると、一日中体操をして過ごすことになるかもしれません。

定年になり家の近くにある区の体育館のトレーニング室に会員登録しました。最初に利用講習会の受講が義務付けられています。利用ルールの説明のあとに、トレーニングについての基礎的な講義がありました。トレーニングには「筋力を鍛える」「柔軟性を向上する」「持久力を高める」という三つの柱があるという話です。「目からうろこ」でした。「そうか、いろいろやったけど意味が違っていたんだ」と初めて知りました。テニスなどの「息を止めるスポーツ」は別の範疇なのです。

「柔軟性を向上する」というストレッチをまず優先して取り組んでいます。「はずみ、反動をつけない」「息を止めない」というのがなかなか難しいのですが、講習でもらった十四のパターンを素直にやっています。しばらくサボると体が硬くなっていくのがわかるようです。

「持久力」のほうはスロージョギングと「歩き」です。駅までの三十分、バスを使わないようにしています。「筋力」は何か道具が欲しいのですが、「狭い家にモノを増やすな」と言われているので、昔使ったダンベルを引っ張り出しました。こちらのほうは「強くする」より「弱くなるのを遅らせる」程度です。

　会社では通勤はもちろん、仕事の中でもかなり動いていたような気がしますが、家にいるようになると確かに運動量は格段に少なくなります。「体操するだけ」というのは単調で、正直もう一つなのですが、そのうち面白くなってくることを期待しています。

定年アル中にならないために

お酒は好きです。父親譲りです。兄は飲めず、私は飲めましたので、子供のときに父親がほめてくれたのです。お酒は飲めるほうがいいのだと思いながら育ちました。小学校の四年生の頃、正月にポートワインの小瓶一本を一人で空けたのが最初の二日酔いの経験です。「お酒になるといぎたない」と女房は言います。「なめるように飲む」のだそうです。言い訳はできません。

だいたいどんなお酒でも好きです。「料理に合わせて」などと言いながら飲んでいます。味はあまりわかりませんから安上がりです。ときどき特定の種類のお酒を試しています。最近は紹興酒で、横浜の中華街の酒屋さんからＷＥＢで注文しています。本当かどうか「人民大会堂での宴会用のもの」などが手に入ります。本当にいい時代です。

家にいるようになると、一人でいて手持ち無沙汰になることがあります。そして「口寂しい」のです。「お茶でも飲めばいいじゃない」と女房は言いますが、酒呑みの身には「一人でお茶」はどうにも格好がつきません。やはり「一人酒」です。ただ、明るいうちから、昼間から飲むというのは気が引けます。

いまは夕方六時までは飲み始めないように自分で決めています。テレビをつけて、ＮＨ

Kのニュースが始まるのを待ちます。待ち遠しい日も少なくありません。体に良いという適量を、女房に言わせれば自分の都合のいいように決めて、その範囲であれば○、それを過ごせばその量によって▲の数で一応日記帳の片隅に書き込み、一週間で○▲の＋－が合うように「自制」しています。そうしないと、どんどん量が増えていきそうなのです。ちょっと気を許すと、得意の自己弁護で歯止めが利かなくなります。

そのような頃、テレビで「定年アルコール依存症」の特集をやっていました。昔「キッチンドリンカー」、いま「定年アル中」というわけです。この番組を見て「自分も将来もしかして」と感じてしまいました。アルコールがないと落ち着かないということであれば、私も依存症の資格がありそうです。

会社にいるときは仲間がいて、なんとなくバランスが取れていたことが、一人になるとその程度がわかりにくくなっています。「お前、最近飲む量多いよ。割り勘じゃ合わないよな」と言ってくれたり、「お前、最近飲みすぎていない。酒臭いよ」と気遣って、声をかけてくれたりする仲間がいません。女房には毎日のように言われていますから抑制効果はありません。「良いじゃないの、楽しんで」といまは思っていますが、これも自分が試されているのですね……。

着るものを設計事務所の人に見習う

定年近くになって地域の建築士会に入りました。メンバーの多くは設計事務所をやっている人たちですが、何人かは建設会社に勤務している人またはそのOBです。どちらも建築設計を生業にしている方々ですが、設計事務所の人と建設会社の人にはスーツ姿ではないときの「着るもの履くもの」のできに微妙に差があることに気がつきました。やはり事務所の人たちが「決まっている」のです。

皆さんデザインを専門にしてきた方々ですから服装に気を使っていらっしゃるのはわかるのですが、設計事務所の人と並ぶと建設会社の人はなんとなく違うのです。たとえて言えば、新入社員のスーツ姿が「何かちょっと」という、あの感じです。

二つのことに気がつきました。一つは胸元、首周りです。私を含む建設会社の人は首周りをネクタイに任せてきたようです。ネクタイがないときのシャツの襟の形やベストの組み合わせなど、ほんのちょっとしたことですが、設計事務所の人はなぜかおさまりが良いのです。

もう一つは設計事務所の人のほうが「要素が少ない、シンプル」ということです。色調や明度、彩度もそろっているようです。設計事務所はデザインの良さが商品ですから、その個人の姿形のセンスも問われてきたのでしょう。「着るもの履くもの」についても長い経験があるようです。片や建設会社にいるとスーツ一辺倒ですし、個人の姿形のセンスはあまり問われなかったのかもしれません。

そういう目でまちの先輩、同輩方を見てみると、「?」と感じる方の服装は得てして大柄、派手なものになっていますし、全体で見るとどこか違和感のあるもの（違う要素のもの）が一つ二つ入っているのです。たぶん頑張りすぎているのです。売るほうの店の人たちも、定年退職世代にはそういう派手めのものを薦めているような気配もあります。

そんなことどうでもいいよ、気楽に気楽にとおっしゃるのもわかります。もう誰の目も気にしないでいいんだから好きな格好しようよ、ということです。「着るものは上から下まで女房の言う通りにしています。選択に悩む必要がありませんので。ある意味で気が楽です」とおっしゃる方もいます。そうなってしまいそうな方のほうが多いのかもしれません。でも、これからの時間は長いのです。「着るもの履くもの」に少し興味を持ってはいかがでしょうか。

建築を選んだわけとその顛末

娘が中学受験のとき、あちらこちらの学校のパンフレットを集めたのですが、見て驚きました。中高一貫校ですから、大学への進学のための準備はこうなっていますという記事はもちろんですが、どういう職業が自分に適しているかを見つけるためのさまざまなカリキュラムが用意されているのです。一日職場体験や、仕事についている先輩たちの講演会、そういうものを踏まえて進学先を選びなさい、ということのようです。大事なことだなと感心しました。

私の場合は、あまり考えないで建築を選びました。機械屋だった父からは「工学部じゃないと大学はダメだ。就職の心配もない」と言われました。時代（昭和三十九年に大学に入りました）もなんとなく「理工系狙い」でした。でも、父が昔描いた図面や、機械が専門だった兄の様子を見ても心は動きませんでした。

そこで工学部の中で一番工学部っぽくない建築を選んだのです。最後に背中を押したのは、高校三年の夏休みに読んだ新聞の記事でした。「女性に人気のある職業」、その中に「建築設計」というのがあったのです。絵が得意なわけでも、建築設計のことを知っていたわけでもありません。父の仲間で県庁から退職後自分で設計事務所を始めた人を知っているだけ、それもマージャンをしている姿くらいしか見ていません。無謀といえば、無謀でした。

設計の授業が始まるとすぐわかりました。建築の設計というのは「努力してできる」という類のものではないのです。もとより努力は苦手で、意匠（デザイン的な設計のこと。普通「建築設計」といえば意匠のことです）の主任教授が「マージャンをやる奴は設計はあきらめろ（そんな暇はない）」などというものですから、なおさらです。引けました。

意匠設計以外に、構造、設備がありましたが、こちらのほうは数字が山のように出てきて手が出ません。デザイン的なことにも少しは関わりたい、さりとて……、ということで、住宅・都市計画の研究室に入りました。これは結果オーライで性に合いました。生活や建物施設の実態調査、それを基にした建物やまちのありようについて考えるのです。小学生のときから地理が好きで、家や周りの町の様子などを調べることが好きでしたからぴったりです。その中でも建物や都市の社会性、経済性の研究をテーマにしました。会社では、建物施設の設計条件を分析整理したり、そのスペックを考えたりする企画業務が主でした。いまはまち中の建物を観察し、楽しんでいます。建築を選んだのはいい加減でしたが、長い時間の中でそれなりに自分に適した道を歩くものだと感じています。

親の生きた時代と比べる

若いときは会社の中の先輩と比べていました。「○○さんが自分の年のときにはどうだったのだろうか」「自分があの年になったときにはあれだけのことができるようになっていなくてはいけないんだ」などです。それが五十を過ぎたあたりから、「自分の年のときの父親はどんなだったのだろう」と思うようになりました。

八十七歳で亡くなった父親は一九一〇年、明治四十三年生まれです。戦争で東京でのサラリーマン生活を辞め、田舎に戻って自分で商売を始めました。当時はみんなそうだったとはいえ、戦中から戦後の厳しい中で出版業という地方では難しい商売で五人の子供を育てたということは私には驚きです。そういう父親と「戦争を知らない」「一人暮らしがやたら長い」自分とを比べるのは無理があるのかもしれません。

私が育ったのは北陸の金沢です。戦災にはあっていませんから、他の場所と比べれば大変恵まれていたのでしょうが、それでも生活の厳しさは似たようなものだったのではないかと思います。子供の頃の写真はほとんどありませんが、服にはツギがあたっています。母親が米櫃の残りを気にしていたのを覚えています。「量り売り」のお酒を買いに行かされた記憶がありますから、父親は好きな酒をあまり飲めなかったのでしょう。

戦中戦後の激変の時代を過ごし、いわゆる高度成長をにない、やっと一息ついたのが、いまの私の年の父親でしょうか。そういう父親と比べると、「人間のでき」が違うのではないかと思うことがあります。ヒマラヤに住む人たちは旅に出るとき、「神よ、この旅で私に苦難をお与えください」と祈るそうです。親の世代はいやおうなく苦しい時代を過ごしたのですが、結果としてそれが父親世代を、人間として一つ上にしたのではないかということです。そして、いまの高齢者が「年金で得をする世代」というのも、戦中戦後で大変苦労があったことを考えれば、その権利があるのではと思います。

この年ですからいまさらチャレンジしたり、自ら厳しさを求めたりする気持ちはありません。とすると、「人間のでき」は差がついたままになります。あの世で「同い年の父親」と話をしてそういうふうに感じるのは少し残念というか、悔しいというか、申し訳ないというか、そんな思いがあります。とはいえ、これから大きな災難などにあうのも勘弁してほしいのです。「人間のでき」の差は甘んじて受けてようというのがいまの私の素直な気持ちです。機械が専門だった父親は「二十一世紀の技術が見てみたい」と言っていましたから、ロボットや電気自動車の話などで許してもらおうと思っています。

ナラティブ・カウンセリングで学んだこと

「聴く力」をつけるためにカウンセリングを学び始めました。これで五年目に入ります。といっても月一回の勉強会、あとは気が向いたときの独習ですから「学んでいます」というほどではないのかもしれません。最初は「傾聴法」でした。「聴く身体姿勢」から始まり、「共感の仕方」「質問の仕方」そして、「忠告しないこと」などを学びます。

その中で一番自分に欠けているのは「待つ」ことでした。相手が話しだすまで、五秒でも、十秒でも、いつでもお話しくださいという姿勢で待つことです。最初は二、三秒でもかなり長いと感じました。改めて自分の会話を観察してみると、相手の話が終わるか終わらないかのうちに話し始めています。相手が話している途中に話しだしていることもありそうです。そして、勝手に話題を変えてしまうことも少なくありません。

女房には「カウンセリングなど、慣れないことをすると早死にするわよ」と言われていますが、日常生活ではかなり良い成果が出ていると思っています。その一番の受益者が認めてくれないのは残念ですが、前より女房との言い争いが減っているはずです。

もう一つの成果は、「なぜ、相手はそう言うのだろうか。どんな気持ちで言っているのだろうか」と、考えるようになったことです。もっとも、「前の私と比べて」ですが。これまでは「(業務的に) 正しい、正しくない」「目標に合っている、合っていない」を基準にしていました。相手と違うゴールを目指して、違う言葉を聞き、話していたかもしれません。

三年目に入ってからはナラティブセラピーという新しいカウンセリング手法の勉強に入りました。話し手の価値観などを「物語」としてとらえる、その物語を話し手が自分らしく生きられるように解釈し直すのを援けるという手法です。この手法は聴くというより、質問するということにポイントがあります。正直、難しく、やや手にあまっています。単に聴くというだけでなく、相手の話を「その人の物語」として聴くということや、その物語を書き替えるための適切な質問をするということが大切なようです。医療の問診やマーケティングの世界でもナラティブとして相手や対象をとらえようとすることに関心が持たれています。

カウンセリングの世界を覗いてみたことでこれからの生き方がずいぶん楽になったと感じています。「相手はなぜ」「どんな気持ちで」、その後ろには「どんな価値観や経験」があるのか、少なくともそう考えるだけでずいぶん気持ちに余裕ができます。ただ、そう思う前に、いつもの、間髪を容れずにしゃべりだす自分がいるのも事実です。そう簡単に人は変わりません。

それぞれの事情に改めて向き合う

息子は重度の障害児です。生まれたとき、千グラムに満たない超未熟児でした。生まれてすぐ保育器に入れられたのですが、酸素吸入器を外すタイミングが早すぎたのでしょう、脳に決定的なダメージを受けました。生まれて半年後に退院したときには顔と比べて頭が小さく、脳の発育が明らかに遅れているということが外見からわかる状態でした。私たち親も半年かけて覚悟したわけです。

正直に言えば、それまで障害者の世界には無縁でした。避けていたというわけではありませんが、理解があったほうでは決してありません。世の中での障害者の存在意義を考えたこともなかったのです。それが「最重度の障害児の親」になりました。

会社には言いませんでした。医療費などが年百万円近くかかりましたから、どのみち確定申告が必要です。届け出る必要もありません。「出世の妨げになる」という意識がないと言えばウソになりますが、それより仕事は仕事としてやりたかったし、周りで余計な気遣いをしてほしくなかったのです。その分、母親（こういう話のときには「女房」という表現は合わないようです）や、その両親には大きな負担がかかりました。

東京には重度の障害児のための専門の病院が何か所かあります。年に何回か一緒に行くことがありました。数は少ないのですが父親がついてきている家族がいます。そういう人を見ながら、この人はどういうように仕事との折り合いをつけているのだろうかと考えていました。そういう子供を持つ親のための団体があり、会報を出しています。そこには母親や年とった父親は出てきますが、働き盛りの父親の存在はほとんど窺い知れません。

地域活動の中では障害児の親であることを公言しています。まちづくりへの参加では、むしろそれを私の特徴の一つとして言っています。総じて女性の反応は一種「肯定的」でそのためかえって話しやすくなることが多いようですが、男性の場合は「大変ですね」で話が途切れる感じです。その話にどう付き合っていいのかという戸惑いがあるようです。いずれにしろ、これからの時間、生活の中では「障害児の親」ということは、私の大きな特質です。

会社で知っている方が、老親の長く重度の介護を続けている、子供の不登校に悩んでいるなど、さまざまな家族の課題を持っているということをあとで知ることがあります。大なり小なり、多くの方はそういうことを背負って会社に来ていたのでしょう。定年になればそういうことと改めて向き合うことになりますが、それこそ「いまの私の一番の個性」です。ちなみに娘は、私たち夫婦は「息子で持っている」と言います。

五十年間の通知表を作る

郷里から葉書が来ました。小学校の同窓会の案内です。卒業以来五十年余、初めてのことです。担任の先生もご健在とのことでした。幹事が新しく作ってくれた名簿を見ていると、不思議なことに同級生の顔が頭のどこからか出てきます。残念ながら参加できなかったので、先生に手紙を書かせていただくことにしました。それは私自身の半生の報告ということになるわけです。ところがあれこれ考えたのですがうまく書けせんでした。

思いあまって「通知表」の形にすることを思いつきました。五十年分のことを国語、算数、理科、社会から家庭科にいたる八教科について点数をつけ、コメントを書いたのです。

たとえば社会は、

「評価四。地理が好きで、大学では住宅・都市計画系の研究室にいた。いまは地元で『建築士とのまち歩き』のガイドなどもやっているが、ひどい方向音痴のため役に立たない。歴史はテレビドラマを見る分には問題ない程度。社会参加は地元のまちづくり関係の区民委員などを始め、その評価は今後にかかる」といった内容です。

教科別の評価のほかに、学習態度や生活態度も記入しました。生活態度は、

「高校時代からマージャンを始め、大学では玉突き、ボーリングなどが加わり、なんのた

めに大学に入ったか疑われる。社会人となってからは『遊び事が大好きな建設業界』に入った割には比較的まじめに過ごした。ただ、余暇に忙しく、結婚できたのは三十九歳、周りからは『何やってるんだ、お前』と言われていた。学生から社会人へ、そして結婚と、年を経るに従い生活態度の改善が見られるので、今後に期待したい」と書きました。最後の保護者欄は女房に頼んでみましたが残念ながら相手にされませんでした。これを通知表の体裁にし、表紙には、いまはもうない、卒業した小学校の名前をつけて、それふうにしてお送りしました。

同窓会の案内をいただいたあと、考えさせられたことがたくさんありました。五十年という時間、そして自分の半生……。でも懐かしがってばかりもいられません。「三学期」が残っています。生徒、学生時代という一学期、サラリーマン時代の二学期は終わりましたが、定年後という人生の三学期はこれからです。三学期の成績は年間の総合評価も兼ねています。ここで帳尻を合わせなくてはいけませんし、合わせられるのです。

「五十年通知表」はどちらかといえばユーモラスな感じで作成しましたが、五十年を小学校の先生に説明するということで、これからのためのヒントと力をいただけたような気がしました。ただ「まじめな通知表」は恐ろしいので、神様にお任せしようと思います。

第八章　「次」に向けて

自分みがき

就職が厳しい時代、新聞コラムの結末はこう結んでありました。「中小、ベンチャー、地方、派遣。受け皿のすべてからノーを突きつけられ、漂流する若者たち。雇用の機会に恵まれず、仕事を通した能力開発がないため、スキルも身につかない」。別の記事では不登校の子供たちについてこう書いてありました。「いったん学校に行かなくなると、その子供たちは昼間に行く場所がなくなり、追い詰められてしまう」。

自分の年代に合わせて言い換えてみます。「ボランティア、NPO、趣味グループ、すべてにノーを突きつけ漂流する老人たち。社会参加の機会に恵まれず、グループ活動を通したコミュニケーション能力の開発がないため、仲間も身につかない」。二つめはそのままです。「いったん外に出なくなると、その老人たちは昼間過ごす場所がなくなり、追い詰められてしまう」。

定例的に参加しているカウンセリング勉強会の先生はファミリーカウンセリングが専門です。ロールプレーの事例に定年後にうつ症状を示す男性の悩みが出てきます。「家にいても何もすることがない。奥様はそれまでと同じように一人でしばしば外出し、一緒に何かをしようというわけではない。『あなたはあなたでいろいろやれば』と言われる。俺はなんなのだろう。これからどうなるのだろう。今日も一日ぼんやりテレビを眺めるのか」というクライアント役を演じます。この事例について生徒から意見が出ました。「最近の定年退職者は会社にいるときから定年後に向けて準備しているし、もっと活発だからこういうことはないんじゃないでしょうか」。

ところが、活発な活動をしていらっしゃる提年先輩の中にも、「こういうこと（趣味のグループやNPO）はしているけれど、このままで良いのだろうかと思うことがある」とおっしゃる方がいます。なんとなくそのお気持ちがわかります。「こういうことをする」のが目的で良いのかと思うのです。「これまでは会社のためだったけど、これからは自分のため」という「自分のため」というところが何なのか確信が持てないところがあるようです。

「女みがき」という言葉が街中に溢れたことがありますが、アレかなと思っています。いくつになっても、昨日より今日の自分に磨きをかける、「こういうこと」はそのための場、機会というわけです。いまさら何をと言われるかもしれませんが、「男子、三日会わざれば」というではありませんか。会う相手が昔の会社の仲間でも、奥様でも、奥様に言えない人でも。「変わらないね」と言われてうれしがるのではなく、「変わったね」と言われたいではありませんか。

年に名前をつけてみる

小さいとき、若かったときの一年は長かったような気がします。一年の間にいろいろなことがあり、さまざまなことができていたような気がします。小学何年生のときに何があったと言えそうです。学年ごとの記憶があり、かなり詳しくその情景を思い出すことができます。

ところが会社に入ってからの一年の記憶は曖昧です。何があったかはそれなりに覚えていますが、時期についてはさっぱりつながりません。一年に一つでもいいから何があったか言ってみろと言われて、言える方は少ないのではないでしょうか。ただ子供が何年生のとき、家族では何があったかは言えそうです。学校のような区切りがないと一年ごとの記憶は曖昧になっています。会社仲間には入社以来の仕事年表を作っている方がいますが、そんな方は例外中の例外です。

年をとると時間が過ぎるのが早くなる、と言います。昨日、一年前、過去の記憶が曖昧になるからでしょうか。それとも毎日の生活が単調になるからでしょうか。「人間の脳は高齢期になると時間を早く感じられるようにできている。苦しい高齢期をできるだけ短く感じるように神様がしてくれたのだ」という論を述べられる方もいます。いずれにしろ、これからの時間はこれまで以上に早く過ぎるのでしょう。

日記を書いているのですが、ただ漫然と書き続けているのも能がないのでいくつか工夫をしています。週ごとに一ページ、その週の気になることや出来事を書き込み、コメントをつけ、月間スケジュール表にその月の主な出来事をあとで書き込んでいます。そして一年の終わりに、それをまとめて十大ニュースとして書き出しています。これを見てみると、年ごとに結構いろいろな出来事があります。それなのに「年」の記憶が曖昧になっていることに気づきます。結果として、何も出来事はなく時間だけが早く過ぎているような感覚に陥っています。このままの感覚で終わりになるのはちょっとどうかという気持ちです。

年に名前をつけていこうと思っています。何か一つ、その年を記憶させるようなメリハリをつけようと考えています。去年はラケットテニスを始めた年、今年はこの本をまとめた年、来年は住まいカウンセリングの活動を始める年、などなど。その分、その一年はそのことに時間を割きます。その年の名に負けないように注力します。

そうすることで「年」を自分のものにできそうな気がします。「年」を自分のものにするために、日々を大切にし、時間に少し責任を持つかもしれません。そうしないと「時間」が勝手に流れていきそうです。

どういう七十代を過ごすか

「提年期」からの年代ごとのイメージは、いまの年齢から三十を引いた会社での年齢と似ていることに気がつきました。六十代は三十を引いて三十歳代、会社ではまだ若手で、仕事もこれからというところでしょうか。七十代は四十歳代、管理職に就いたり専門職になったり、マイペースになったり、選択肢が分かれます。八十代は五十歳代、会社人生もすっかり先が見え、早期退職する人も出てきます。

で、七十代に興味があります。六十代ではほとんどの人が高齢者という意識はありませんが、七十を越えると、もちろん個人差は大きいでしょうが、これまでのようにはいかないことが出てくるようです。階段がつらかったり、転びそうになったり、簡単に息が切れたり、これまでできていたことが難しく感じるからです。いよいよ「本格的な高齢期」「高齢期の盛り」です。これをどのように充実させるか、前向きに送れるかが問われているような気がしています。

会社の先輩たちを見ると本当にさまざまですが、「活動的な人と引っ込んでしまった人」「人間関係を地域に築いた人と会社の続きが主な人」「まったく新しいことを始めている人と会社時代にやっていたことが延長の人」などのタイプ分けがありそうです。もちろん「健康かどうか」や「経済力」の影響も少なくないようですが、それは条件のようなもので、生き方を左右するものではないのでしょう。「病気がちでも」「お金がなくとも」高齢期に向かう姿勢のほうが大事なようです。

地域で新しく知り合う先輩たちは当然ながら「活動的、地域に軸足、新しいことにチャレンジ」している人たちです。そう言うと、なんだか「それがお勧め」のようですが、地域の活動をしている皆さんは結構苦労していらっしゃいます。仲間集めも難しく、他の人たちから公共サービスのように要求されたりすることもあるようです。奉仕の精神がないと務まりません。

最初のうちは地域にこだわっていましたが、近頃は「少し違うかな」と思い始めています。地域は地域で大事なのですが、その中だけに納まるのもなんとなく窮屈そうだからです。片足は地域にしっかりおいて、もう片足は少し広い世界に置きたい気がします。

どういう七十代を過ごすかは、いまの六十代に懸かっているのかもしれません。五十代に「会社後」のことを心配しながら結局、何もしなかったツケがいま出ているように、七十になったとき同じような思いをするのは避けたいものです。

みんな自己表現をしたい

歌うことが苦手です。生来の音痴です。小学校のときからのトラウマです。『コールユーブンゲン』と言う、簡単な小節を歌う練習が何度やってもできませんでした。五年生のとき、一度だけ「音程は狂っているけど、リズム感が良いから」と、「四」をもらいました。『田植えの歌』という題と歌詞を覚えていますから、よほどうれしかったのでしょう。いまでも口ずさむことができます。

会社で働き盛りの頃、カラオケ全盛になりました。本当に辛い思いをしました。「歌え」「歌えません」の押し問答を何度やったことでしょう。「歌わないと帰さない」と言われ、午前三時まで飲み屋にいたこともあります。

そういうわけで、カラオケの間は黙って聞いていました。そこで不思議に思ったのは、歌っている人を誰も見ていないことです。半分の人は歌詞が映される映像を見ていて、残り半分は自分の歌を探したり、おしゃべりをしたりしています。私はそこにいること自体に反発する心があったので、できるだけ歌っている本人を見るようにしていました。

もちろん、カラオケは嫌いだけどお付き合いだからという「大人の方」もいらっしゃいますが、多くの方は会社では見せない真剣さで歌います。意外な人が、意外な歌を、意外な感じで歌うということが間々ありました。こういう機会に、自分を表現しているようでした。

定年になって、改めて自己表現の大切さ、そして、誰もが自己表現したいのだということを痛感しました。「聞いて、聞いて、私の話は面白いから」ということから、写真、カラオケ、そして囲碁将棋、ラケットテニスも自己表現と言えます。田舎に引っ越すということなども、その生活それ自体がすごい自己表現です。

自己表現がもう少し進んだ形が情報発信でしょうか。いま、私が書いているこうした形やブログなどがそうです。ある先輩は七十五歳からＷＥＢ上で随想と写真の情報発信を始められました。最初は月に数件しかアクセスがなかったのですが、半年後には累計で千件を越えるアクセスがあったと喜んでいらっしゃいました。

会社では自己表現は裏に隠されますが、定年後はそれが表です。そして自己表現し、それが受け入れられること、共感してもらえることが、生きていく上での支えなのかもしれません。

そのためにはどうすれば良いのでしょうか。取りあえずラケットテニスでは、「ダブルス・パートナーに信頼されるプレーをする」ということを心がけようと思っています。

適当な会社生活の結果

本書の下書きを見た方に言われました。「美術工芸、旅行、音楽、女性がない。追加すべし」。そう言われてみると確かにありません。「おっしゃるテーマは一つ一つが奥行きが深くて、とても私には書けないのです」とご返事しました。

「女性」はともかく、「美術工芸、旅行、音楽」は定年後の大きなテーマです。それまでまったく経験ないのに、定年になってから熱心に陶芸を始め、展覧会に出展なさっている方、スケッチが好きで、本格的に絵の制作を始めた方、美術工芸では私の周りにもそういう方が何人もいらっしゃいます。旅行では百回という目標を立てて海外に行く方、地中海クルーズに繰り返しいらっしゃる方、アンデスの山の中で笛を吹くグループに参加している方などなど、多士済々です。国内では、日本百名山を踏破したと年賀状に書いてきた方もいました。

音楽ではまずコーラスでしょうか。大学の友人は年末の第九から始まって、いまは海外へ演奏旅行に出かけます。音楽教室が高齢者で賑わい、高級なギターが売れているということですから、楽器演奏にチャレンジされる方も多いということです。

そんな中で私は、「美術工芸、旅行、音楽」についてはとても書けません。一つを深く極めるということが苦手です。本書も数多くのテーマに言及していますが、一つ一つは底が浅いと言われても仕方がないのです。たとえば、お酒は好きで、あるとき、ある種類のお酒に集中しますが、ウンチクを傾けることはできません。その種類の中で安いものを、そのときどきの気分で選んでいるだけです。自分の好き嫌いだけで、「一芸は多芸に通じる」からは縁遠いのです。

いまはそれも良いかな、それしかないかな、と思っています。昔、「サラリーマンは気楽な稼業」という歌が流行りました。そんな「適当な」会社生活の結果かもしれません。そうだとすれば、多くの方が、同じような気分でいらっしゃるのではないでしょうか。少し寂しい気もしますが、「並のサラリーマンの成れの果て」と居直るしかなさそうです。

そういう私でも「美術工芸」でこんな経験がありました。会社時代の仲間に日展の審査員まで勤めた、二足わらじで道を究めた方がいます。毎年、招待状をいただけるので、見に行きます。これまでは数多《あまた》ある美術品を見てもあまり心が動かなかったのですが、この前は違いました。上手下手はわかりませんが、それを創った人がどんな気持ち、考えでこういう作品になったのだろうかということが、なんだか感じられたのです。これは、年の功でしょうか。

続くこと、続かないこと

Hさんからは「定年後のサラリーマンは『エンジョイ・ハード、Enjoy Hard』。自分一人では遊べない、遊び方・楽しみ方を知らない、金の使い方を知らない、意味のない時間の過ごし方がわからない」と言われました。Mさんからは、「こんな生活をしていて息が詰まらないですか」と言われました。本書が半分くらい書き上がったときに見ていただいた先輩方の意見です。また「何かしないといけないという、脅迫観念に囚われてはいませんか」とも言われました。確かに毎日、書いていることを、すべて気にして生活していると、そうかもしれません。

みんな続けているわけではないのです。短いもので三か月、長いもので二年くらいです。続けられるものだけ、続けています。思い出してやることもあります。好きなようにやることにしています。自分に無理強いはしません。

たとえば「まち歩き」は、地図の上に新しく歩いた赤い線が広がるのを楽しみにしていましたが、半年ほどで近所や隣町はだいたいわかったので、止めました。その効果で、「気の向いたときに」バスや電車に乗らずに歩くようになりました。少し時間に余裕があれば、「今日は歩こう」という気になれます。

体重のコントロールもそうです。半年やって、「もう良いや」となって、気にするのを止めました。でもときどき「身体が重いかも」と感じるときは、二週間くらい改めて続けます。そのときは日記の片隅に数字を書き込み、意識します。改めて始めることは、だいたい以前より簡単な方法に落ち着きます。

習慣化することもあります。日記、小遣い帳などがそうです。もう八年目に入りました。旅行などで書けないときには、メモ用紙に書いたものを貼り付けています。逆に続けなければという思いがあるのに、続かないのは、投資とシミュレーション。▲が続くと、ダメです。根性があれば、「いまこそ好機」なのでしょうが、軟弱です。下がるときは買えるのですが、不安定に上がるときは買えません。

昔、運動部の練習で、「一日練習しないと、三日遅れる」と言われましたが、年をとってくると、進むのも戻るのもずいぶんゆっくりのようです。どうしてもやらなければいけないということはありませんから、もういいかというときには無理しません。体が、心が欲しがる、と言うとかっこ良すぎるのですが、そういう気持ちを大事にしています。「健康のために、運動、養生それだけで一日過ごす」ではありませんが、より良い定年後のために、定年後の生活がつぶれるのは本末転倒です。

平均余命が気になりだす

「平均余命」が恐ろしい言葉だと思うようになりました。定年近くになってこの言葉が自分のこととして感じられてきたのです。最初の頃は「このあといくらお金がかかるの」ということを計算するための条件のようなものだったのですが、あるときから言葉そのものの意味が感じられてきたのです。残された時間はこれだけです、と。

仕事柄、統計的なことを少しかじっていました。平均というのはあくまで平均であって、私やあなたの数字ではありません。もっと言えば、一と九の平均も、五と五の平均も、両方とも五です。「平均」はあまり自分とは関係ないと思っていました。その「平均」が「自分のこと」に感じられてきたのです。

自分の平均余命だけでなく、周りのモノの平均余命も気になってきました。冷蔵庫、クーラー、自動車などなど。「ダメになったら交換する、買い換える」から、どれだけ使い続けられるのだろうと。そうか、これが高齢者の見え方か、と気がつきました。

女房と私は年が七つ違います。女と男の差を加味すると、その平均余命の差は十一年です。「平均的には」私が死んでから女房は十一年生きることになります。それだけ長く社会との関わりがあり、生活もしなければいけないのです。これまで定年後の「私のこと」をどうする、どうしようと考えてきたのですが、そうではないのかもしれません。

仕事が建築や住宅に関することでしたから、住まいについては実は余命を考えていました。五十六歳のときに建て替えたのは、日本では住宅の寿命が三十から四十年なので、その頃に新しくしておけば、お互いが死ぬまでその家で暮らしていけるだろうと考えたのです。しかし、そこにある生活についてはあまり考えてはいませんでした。女房のほうが十一年も長く生きていくということはどんなことなのでしょうか。

「役割チェンジ」の可能性を考えてみました。我が家は亭主が外、女房は内の専業主婦型でしたが、この役割の交換です。そうすれば女房は十一年を社会的に、そしてひょっとしたら経済的にもより安定して、充実して過ごせるのではないかということです。この話は女房にも私にも簡単ではありません。そうなることができるかどうか、本当にそうしたいと思っているかどうか、です。「現在」と「可能性」の間を取るのが現実的なような気もします。

ところで「平均余命」よりも、もっと恐ろしい言葉があります。「健康寿命」です。寝たきりになったり、重い認知症になったりすることなく過ごせる期間はあとどれだけですという統計データです……。

ふり出しに戻る

捨てなければいけないものはたくさんあります。定年を機会に捨ててすっきりさせると心にも余裕が出そうです。ところが、なかなか捨てきれません。どこまで捨てられるかはその方のこれまでの会社生活への想いや、ひょっとしたら未練、そしてこれからへの覚悟の指標になるのかもしれません。

かく言う私は未練派です。スーツが捨てられません。まだ着られるのにもったいない、ひょっとしたらまた着る機会があるのではないか。そして、それに代わる、安心できるスタイルがまだないからでもあります。

本が捨てられません。捨てると一緒に自分の知識や知恵などがどこかに行ってしまいそうで心細いのです。背表紙を見てなんとなく安心しています。靴だけは会社勤めが終わったときにちょうど底がすっかり磨り減ったので捨てることができました。

定年を機会に会社との縁をすっきり切ろうという方も何人かいらっしゃいました。会社生活を引きずった○○会や××会などいまさらというお気持ちなのでしょう。実は私もそれに近い感覚です。スーツや本は捨てられないのですが、会社時代の人間関係はできるだけシンプルにしたいと考えています。ただ会社の人間関係でも鉄道の沿線ごとの集まりは面白そうです。集まるのに負担がありませんし、「いまの」共通の情報がありそうで、これは新しい仲間づくりと言えるかもしれません。棚卸しをして、これまでの商品を見直し、新しい商品に作り替えるということなのでしょう。

会社時代のしがらみとは別に、これからに向かって捨てなければいけないものもあります。「処分するものを見ながら、なぜこんなものを買ったのか自分でも説明のつかない代物がいっぱい出てきます。面白いのは、退職から五年経過しましたが、時間が経つにつれて『捨ててもいいや』と判断できるものがだんだん多くなることです。身軽くなることに一種の快感すら覚えます」という提年先輩もいらっしゃいます。そのうち自然体で捨てられるようになるのを待ちましょう。

参加している成年後見を考えるＮＰＯでは老後の準備についてセミナーを開催しています。特に人気があったテーマは「身辺整理」でした。そして老人ホームの見学会でホームの人から言われました。「高齢者は必要なモノや空間がどんどん少なくなるのです。だからこれくらいの部屋でいいのです」。その部屋は新入社員のときの独身寮の部屋と同じような感じでした。ふり出しに戻る、ですね。

終の棲家を考える

「本当に年をとってから」どこでどういうふうに住むか、生活するかが気になっています。ここで「本当に年をとってから」という言い方にはいろいろな取り方があると思います。早い人は仕事をリタイアしたとき、遅い人は身体が不自由になって人の助けが必要になるときなどです。一般的には階段の上り下りがつらくなったり、家の中で転んだりして、このまま住み続けられるかどうか、もし介護が必要になったらこの家でできるかが心配になる頃ということが多いようです。近所の坂道がきつくて、とおっしゃる方、奥様が食事の用意などがつらくなって、という方もいらっしゃいました。

これまでは「そうなったときに考える」というのが普通でした。ただ現実には民間の施設は入居費用がとても高額だったり、公共の施設は入所を待っている方が多かったりで簡単には入れません。結局、選択の余地なく、とにかくいまの家でなんとかする、それがいよいよできなくなると病院での社会的入院ということになってしまうことが多いようです。厚生労働省は高齢者の在宅での生活をさらに推進、支援しようとしていますから、こうした状況はあまり変わらないかもしれません。ただ一方では「コレクティブハウス」などの高齢者同士や他世代間の新しい居住形態も試行されています。

高齢者の住まいの専門家からは最近「早めの住み替え」という提案が出されています。子育て期の住まいは高齢者には大きすぎるので、それを処分したり貸家に出したりして、自分たちは健康なうちに高齢者向けの配慮のある住宅に住み替えようというものです。またリロケーションという自宅を賃貸に出す仕組みがあります。売却となると子供は良い顔をしないし、「あとがない」感じになります。貸家に出すならまだ財産として残っているわけですし、賃貸収入が自分たちの家賃の足しになるというわけです。これとは逆に住み続けながら自宅を担保に老後の生活資金を借り、亡くなったときに清算するリバースモゲージという仕組みも推進されています。ここで、行政が進めているのは、高齢者の土地建物資産を流動化して経済活動を活性化し、同時に介護費用の削減を図ろうということです。

そんな中で私たちはどうすれば良いのでしょうか。結論から言うと、もうしばらく高齢者向けの住宅施策を様子見しようと思っています。ここ十年くらいの間にいわゆる老人ホームというものも含め、高齢者向け住宅の在り様はかなり改善されてきていますから、もう十年経てばさらに洗練された形態ができるのではないかという期待です。それまではいまの住まいで不都合がないよう健康に気をつけます。

高齢者サービスを受ける仲間づくり

高齢者のための施設や建物がこれからの成長市場ということで、いろいろ調べていました。将来市場の予測は不確かなことが多いのですが、この市場は「人口学的に保証されている」ので間違いなく大きくなると見られていました。競合の建設会社の中には早々と自前で老人ホームの事業を始めたところもあったくらいです。以前は、事業主は特定の財団などで、いまの高級ホームほどではありませんが入居費用はかなり高額でした。現在ではサービス付き高齢者向け住宅など新しい制度に沿ったものも含め、幅広い、一部には「この企業が？」というさまざまな事業者が参入し、入居の初期費用も数千万円からゼロまで、それこそ玉石混淆の様相を呈しています。

会社にいた頃からいままでの間、ずいぶん多くの施設を見てきました。最初の頃は何か悪いことをしているような気持ちでしたが、そのうち、入居者の方にご挨拶したり、少しお話ししたりできるようになりました。老人ホームには元気な健常者向けのものと要介護者向けのものがありますが、特に健常者向けのホームに住んでいる方はある程度経済的にも余裕があり、ご自分の選択に満足していらっしゃいました。

ただ正直申し上げると、どんな高級ホームを見てもそこに自分が入るという気にはなりませんでした。多くが女性の一人暮らしの方ですから、その思いにいたらないこともありますが、何か自分の老後の過ごし方とは違うと感じました。

ある程度自分で自分のことが対処できる間は、できるだけ自宅で過ごしたい、それができなくなったときには住んでいる近くの高齢者向けのサービスが提供される集合住宅に入り、最後はホスピスというのがいまの私の願いです。介護保険制度や最近の小規模多機能型の施設がそういうことを可能にしてくれるのではないかと期待しています。

そのためには制度に頼るだけでなく、一人一人がそのための準備をしておくことが大切のようです。老人ホームのいいところは、「見守りがしっかりしている」「食事の心配がいらない」「掃除洗濯をしてくれる」「仲間がいる」「趣味などのさまざまなイベントをやってくれる」などがあることです。最近では在宅高齢者向けにこうしたサービスが出てきましたが、サービスを受ける側が提供者から「一本釣り」されています。そうではなく、一緒に住んでいなくとも「受ける側が集まる」ということが大切なような気がします。そうすれば受ける側のニーズもはっきり言えますし、仲間同士のコミュニティも作れます。サービス提供者の効率も上がるでしょう。元気なうちから地域で仲間を作り、「そうなったときには一緒にサービスを受けようよ」という関係を築いておくことです。ご一緒しませんか？

これからノート

成年後見人制度の普及を目的にした地元のＮＰＯに参加しました。その活動の一つに「自分の老後を自分でデザインする」講座の開催があります。そこでは「これからノート」という、自己決定力がなくなったとき、どうしてほしいかを書き込むファイルが配られています。もしものとき、連絡をしてほしい人や希望する葬儀などを記入できるようになっています。

私自身はまだ書き込んでいません。葬式の形、場所などについては女房に「もし死んだら、こうしてほしい」と話はしています。ただ、どれだけ真に受けてくれているか、覚えていてくれているのか確証はありません。自分自身でも何か無責任に言っているような感じがあります。まあ、死んでしまったら、残されたものができることをそれなりにやってくれれば良い、という程度です。死んだあと、万一、空の上から自分の葬式が見えたとしても、そこで起きていることは自分のやってきたことの結果でしょうから。

それよりも考えておかなければいけないのは認知症や寝たきり状態になったときのことです。私はコレステロールがずっと高く、このためか動脈硬化が進んでいます。ここにきて血圧も高くなりだしました。物の本ではこうした状況では脳梗塞などのリスクが高く、六

十、七十代の男性の認知症はこの脳梗塞が原因のことが多いそうです。そのときの取り扱いをお願いしておく必要があります。

「これからノート」は成年後見人制度の普及を目的にしていますから、そのあたりの配慮がしっかりできています。「私の生活スタイル」として、日々の習慣や好き嫌い、こだわりなどを記入するようになっています。お風呂は熱いのが好きか、ぬるめが好きか、身辺に置いておきたい物は何かなど、とても具体的で、本人らしく過ごすための大切な情報です。

また「思い出編」として、子供の頃や学生時代、結婚や子育てでの思い出、その中での楽しかったこと、辛かったことなどのことが記入できるようになっています。記憶が定かでなくなったとき、そういう話をすることで症状が改善したり、本人の気持ちが和らいだりするのです。

「これからノート」を書くということは、これからの日々を大切に生きる力になるのかもしれません。書いたことに対する責任や自負心も起きるのでしょう。まず書けるところだけでも書かなければなりません。

センチメンタル・ジャーニー

「北陸」「能登」と呼ばれていた、上野と金沢を結ぶ夜行列車がなくなりました。金沢から東京を結ぶのは、昔は夜行列車だけでした。小学生の頃、父が仕事で東京に出かけるとき何度か駅に見送りに行きました。そして中学生のとき、姉と二人、初めて東京に出かけたときも夜行列車でした。暗闇の中に通り過ぎる光をずっと見ていた記憶があります。会社に入ってからは寝台になりましたが、踏み切りを通過するときに聞こえる「カンカン」という音を聞くのが好きでした。

地方出身者にとって東京と故郷を結ぶ鉄道には皆特別な思いがあるはずです。そういう列車が新幹線になったり、飛行機になったりすることで、「故郷」は時間的には近くなるのですが、心理的には遠くなっていきます。昔からいままでの時間を包み込んだ「故郷」です。私には夜行列車がその「故郷」への大切なルートでした。それがなくなるということは、「故郷」がなくなるような気がしました。

夜行列車がなくなる前の月、金沢で法事があり、迷わず予約しました。法事の帰り、そして最後の夜行列車ということもあり、半ば意識して亡くなった中学高校時代の仲間のことを寝台列車の中で想いました。

学年随一の秀才だったF、中学時代の彼の作文を読んで、こんな大人びた奴がいるのかと驚きました。久しぶりに会ったあとには、とても丁寧な手紙をくれました。

ブーちゃんと呼ばれ、中学時代の親友だったN。東京の大学の医学部にいましたが、五十を過ぎてから金沢に帰り、開業。「仕事のついでに帰ったので」と急に声をかけても、気持ち良く出てきてくれました。二人とも穏やかな人柄で、皆に信頼されていました。

二人と対照的だったのがM、学年一のいい男で運動万能、遊び好き、ケレンミがなく、と人気者でした。東京に出て働くような野暮はせず、金沢での「遊び、仕事、遊び」の様子を年賀状に満載してきました。そして夜、海に落ちたつり仲間を救けようとして、一緒に沖に流されたままです。

なぜか「良い奴」が早く逝くような気がします。

寝台列車の中で彼らと昔話をします。そして、いまの話をします。こういう、亡くなった人たちとの会話がだんだん増えそうです。いつか私の会話の中で、そんな人たちとの会話が半分を超えた頃、「もう良いいんじゃない。そろそろこっちに来たら」と、声をかけてもらえるのかなと思っています。

百歩会、葬儀に来てほしい人びと

会社のイントラネットができたとき、「掲示板」に訃告の欄が作られました。それまでは身近な部署だけの連絡でしたが、全社的に知らされるようになったのです。訃告の多くは社員の親の方でした。八十から九十代、失礼ですが、昔風に言えば「お赤飯」、お疲れ様でしたというお年の方が多かったのです。まれにOBの訃報が出ていましたが知らない人がほとんどでした。

それがある時期から、OBでも知っている人、ご本人が出てくるようになったのです。その年齢が気になりました。社員の親の方と比べると年齢が若いのは仕方がないのかもしれませんが、訃告がだんだん自分に近づいてくるようで、複雑な思いを抱くようになってきたのです。そして六十歳を越えると同じ年代の方が少なくないのになんともいえない気持ちにさせられました。

「自分の葬儀」をどうするか考えてしまいました。

建設業は「祭」が得意です。地鎮祭、竣工式など、そして葬祭も例外ではありません。社内のそれも「会社として」しっかりやっていました。結果としてそれほど関係のなかったOBの方の葬儀にも出ることがありました。

ＯＢの方の葬儀に行くと、明らかに会社の仲間だったという方々が集まり、半ば偲び、半ば懇談していらっしゃいました。それはそれで大切なことのような気がします。ただ私は、お葬式でその方と何年ぶりかでご対面したり、会社仲間と昔話をしたりするのはもういいかな、と思います。

自分の葬儀の形はまだイメージできているわけではありませんが、式は自宅で、そして近所の方が来てくださるようにしたいと考えています。私の家まで歩いて、バスで会葬に来てくださる方が百人いらっしゃればとてもうれしいのです。そういう方々を私の中で、勝手に「百歩会」と名づけ、増やしていこうとしています。いまのところ三十歩くらいでしょうか。まだしばらく死ぬわけにはいきません。

会社時代の仲間には知らせても迷惑だろうと思っています。

親しい会社仲間にこの話をして、「だから来ていらないし、悪いけどあなたの葬儀にも行かない。お互い往復三時間もかけるのも大変だし」と言ったら、「エ～ッ、来てくれないの」と言われてしまいました。

定年後八年の先輩から言われたこと

「これまで気づかなかった新しい諸事に積極的に飛びこんで、新しい人の輪がますます広がるのではないかと思います。自分もこの感覚を忘れずやって来ました。その結果、いまがあると信じています。

ただ、定年後八年経ったいま思いますに、積極的に人の輪を広げよう、やりたいことはなんでも首を突っ込んでみようと思いやってきたのは、定年後五、六年ぐらいかなと感じています。その後は、自分に合ったやりたいことをよりまじめに、付き合いたいと思う人との付き合いをより深くと、軸足が変わってきたように感じています。何もしないで、一日ボーッと過ごすのも我々の大きな楽しみであり特権と思っています。このように思うようになったのは最近のことですが」というコメントを本書の草稿を見ていただいた提年先輩のNさんからいただきました。「私もそうなりたいと思います」という趣旨のご返事を差し上げました。

新しい地方や場所に引っ越しますと、最初のうちはこれまでとは違うその地域のいろいろな物や事が面白く、見て回ります。気になることや、理解に苦しむ風習を見ることもあります。でも一年、二年と経つうちに自分もすっかりその地域の一つになり、慣れ親しみ、穏やかな時間を過ごすようになれます。

定年を期に地域や新しい仲間との関係を作る時間もこれと似ているのでしょう。私のような定年ビギナーは「見ること聞くこと」すべてが珍しく、普段見ていたはずの光景が何か別の意味があるような気がしてきます。でも何年か後には、Nさんのように提年達人となり、「安定した地域との関係の中で、本当の自分の時間」を自信を持って、穏やかに過ごせるようになりたいものです。

もちろん最初から「達人」の方もいらっしゃいます。会社にいた時代から趣味や何やで社外に幅広い人間関係をお持ちで、定年になるのが待ち遠しくてたまらない方々です。ただ、私はそういう準備というか器量はまったくない状態で提年期を迎えました。その分、会社人生にはなかったいろいろな気づきや試行錯誤がありました。それはそれで面白くこれからの過ごし方を考えることができました。

五年後、この文章を読んで、どういうふうに感じるのか楽しみです。生意気なことを考えていたなあと思うでしょうか。それとも、あのとき考えていたように過ごせば良かったと反省するのでしょうか。それとも……。

お礼、など

ボーイスカウトの活動に参加している会社時代の仲間が言いました。「スカウトとは観察と推理だ」と。なるほどと思いました。

会社では建設業の商品づくりに注力しました。もともと典型的な受注産業ですから、商品企画、商品開発という概念がない業界でした。商品づくりのために、お客様の業界の現状をさまざまに調べ、今後の施設面での課題を想定しました。そして営業の第一線が的確な情報収集と提案ができる体制づくりを行いました。「観察と推理」が仕事だったのです。

会社を離れてもこのくせは抜けなかったようです。何を見ても「へぇ〜、どうして」という気になりました。そんなことが、溜まっていたのでしょう。会社の後輩への入院見舞いから始まったこのエッセイ（私自身は雑文と呼んでいました）のテーマは次から次へと出てきました。

書き残したテーマもあります。「夫婦」という題で何度か書き始めましたが、これからの生活がどうなるか恐ろしくて、頓挫しました。「加齢臭」「排泄ケア」というテーマでも書こうとしたのですが、これは経験が足りず、字数が埋まりませんでした。

字数が埋まらないで困ったことは他のテーマでもありましたが、大きな助け舟をいただきました。会社で飲み仲間だった林俊雄さん。まだ本にするという話が出る前の、いわば草稿段階の文章に、懇切丁寧な「異論・反論・共感」を文章にしていただきました。その一部はいくつか引用させていただきましたし、それへの再反論でまとめた文章もあります。それぞれの言い分を対比した共著になれば面白いとも考えましたが、収拾がつかなくなりそうでしたので、あきらめました。

同じようにコメントをいただいた方々にも助けられました。根岸紀雄さん、酒見莞爾さん、稲井信輝さん、名取順一さん、いずれも提年先輩の方々です。文筆家の寺門克先生には、「私が惹かれたのは『気づき』の内容そのものではなく、気づくにいたったプロセスです」というコメントをいただきました。これで自分の文章のポジショニングができました。

カウンセリング教室の斎藤利郎先生にも「とても面白い。示唆に富んでいる」と書き進める力をいただきました。大沢幸雄さんには「これは定年世代への応援歌ですね」と出版への背中を押していただきました。

そのほか多くの方に草稿を読んでいただき、書き進める力とヒントをいただきました。そのおかげでこうして本の形になりました。改めて感謝申し上げます。

そして、最後に、ここまでお読みくださった「あなた」に深く感謝します。いかがだったでしょうか。もし、何か参考になるようでしたら、お願いがあります。奥様にも見せていただけませんか。

この作品は二〇一〇年八月幻冬舎ルネッサンスより刊行された
『60歳からの暮らしの処方箋』を改題したものです。

〈著者プロフィール〉
西和彦（にし・かずひこ）
1945年生まれ。石川県金沢市出身。京都大学大学院（建築）修了。大成建設に入社。住宅、ビル、工場などの建築物全般の商品企画・市場開発に従事。理事（営業企画担当）で退社。住まいLABOwest主宰。NPO法人住環境ネット理事。

定年後の暮らしの処方箋
2017年7月25日　第1刷発行

著　者　西 和彦
発行者　見城 徹

発行所　株式会社 幻冬舎
〒151-0051　東京都渋谷区千駄ヶ谷4-9-7

GENTOSHA

電話　03(5411)6211(編集)
03(5411)6222(営業)
振替　00120-8-767643
本文デザイン　田島照久
装幀　幻冬舎デザイン室
装画　唐仁原多里
印刷・製本所　中央精版印刷株式会社

検印廃止

ISBN978-4-344-03151-7　C0095
幻冬舎ホームページアドレス　http://www.gentosha.co.jp/

この本に関するご意見・ご感想をメールでお寄せいただく場合は、
comment@gentosha.co.jpまで。